KB189721

성경에서 찾은 아름다운 마무리

성경에서 찾은 아름다운 마무리

지은이 박인조
펴낸이 임상진
펴낸곳 (주)넥서스

초판 1쇄 발행 2019년 8월 26일
초판 2쇄 발행 2019년 8월 30일

출판신고 1992년 4월 3일 제311-2002-2호
10880 경기도 파주시 지목로 5 (신촌동)
Tel (02)330-5500 Fax (02)330-5555

ISBN 979-11-6165-699-1 03230

이 도서의 국립중앙도서관 출판예정도서목록(CIP)은
서지정보유통지원시스템 홈페이지(http://seoji.nl.go.kr)와
국가자료공동목록시스템(http://www.nl.go.kr/kolisnet)에서
이용하실 수 있습니다. (CIP제어번호 : CIP2019031438)

이 도서는 한국출판문화산업진흥원 '2019년 우수출판콘텐츠
제작 지원' 사업 선정작입니다.

www.nexusbook.com

지금, 죽음을 공부할 시간

성경에서 찾은
아름다운 마무리

It's time to think about death.

박인조 지음

죽음이라는 두렵고 낯선 여행을 떠나기 전에
죽음을 생각하는 건 삶을 생각하는 일이자 삶을 가치 있게 보내는 일이다.

지혜의샘

구원받은 천국 백성은 천국을 사모하며 세상에서 천국을 준비하는 삶을 살아가는 사람입니다. 이 책은 죽음을 대하는 성경 인물들의 풍부한 이야기를 담은 신선한 시각의 책으로, 성경을 읽으면서도 미처 주목하지 못한 행간에서 저자는 구원받은 천국 백성의 삶에 대해서 깊이 있게 탐구하며, 동시에 친절하게 알려주고 있습니다.

그래서 "구름 같이 둘러싼 허다한 증인들"(히 12:1)처럼 더 나은 본향을 바라보며 세상에서 승리하는 삶을 살도록 인도할 것입니다.

곽요셉 목사 | (재)에덴낙원 이사장

성경 속 인물들과 죽음 관련 키워드들을 연결해 죽음 준비에 필요한 여러 항목은 물론 죽음과 그 이후까지 사유(思惟)할 수 있도록 안내해주는 책. 거기다 각각의 이야기에 맞는 명화로 감상하는 눈이 즐겁고, 읽고 나서 독자가 직접 메모할 수 있는 해피 엔딩노트까지!

탁월한 죽음 준비 가이드북이면서 죽음을 통해 삶을 깊이 있게 들여다보고 살필 수 있게 해주는 귀하고 아름다운 책이다. 단정하고 친절하며 담담한 문체 또한 발군이다.

유경 사회복지사 | 『유경의 죽음 준비학교』 저자, 어르신사랑연구모임 대표

저자는 '죽음을 통해 삶을 읽는 태도'가 분명하다. 이는 저자의 삶과 죽음에 대한 깊은 성찰과 성경에 대한 오랜 연구가 바탕이 되었다고 믿는다. 이 책은 설교도 성경공부도 아니다. 따뜻한 사랑방에서 들려주는 이야기처럼 편안하다. 특별히, 신앙인으로서 '어떤 삶을 살아야 하는가?' '무엇을 남겨야 하는가?' '무엇을 준비해야 하는가?' '어떻게 마무리해야 하는가?'에 대해서 잘 말해주고 있다.

저자는 신앙인들에게 죽음 준비란 "영원한 삶을 소망하며 죽음을 인식하는 삶"(100쪽)이라고 말한다. 이를 성경 속 인물들의 삶과 죽음을 통해 잔잔히 성찰하고 있다. 자, 이제 그의 통찰력 있는 이야기 속으로 모두 함께 들어가 보자. 쉽게 빠져나오기 힘들 것이다.

윤득형 목사 | 각당복지재단 삶과죽음을생각하는회 회장

준비된 죽음은 저주나 징벌이 아니라 내 인생의 훌륭한 피날레입니다. 내 삶이 신앙의 여정이라면 죽음은 그 여정의 멋진, 그

리고 의미 있는 피날레여야 합니다. 내 삶이 고백이듯 나의 죽음도 고백이어야 합니다. 나의 죽음이 후손들에게, 그리고 믿음의 후배들에게 주는 가장 위대한 메시지가 되어야 합니다.

이 책은 성경의 인물들을 통해 이 멋진 피날레를 우리에게 소개해주고 있습니다. 죽음을 통해 우리 믿음의 조상들은 어떤 이야기를 하고 있는지 하나하나 배우게 될 때 저자의 이야기처럼 죽음은 인생의 마지막 선물이라는 것을 깨닫게 됩니다. 그래서 참 고마운 책입니다.

조성돈 목사 | LifeHope기독교자살예방센터 대표

정신의학자이자 호스피스운동의 선구자로 인간의 죽음을 연구한 엘리자베스 퀴블러 로스는 '죽음을 어디서 배울까?'라는 질문에 그것은 바로 죽어가는 사람들에게서 배울 수 있다고 하였다.

그동안 죽음의 문제에 깊이 천착해온 저자는 성경 속의 인물, 아브라함에서 예수 그리스도까지 14인의 삶과 죽음을 풀어나간 이야기에서 우리가 배우고자 하는 '좋은 죽음'을 전하고 있다. 예수 그리스도 "죽음 앞에서도 변함없는 사랑", 요셉 "온유한 마음으로 마무리하기" 등 14인의 '좋은 죽음'이 던지는 메시지가 참으로 신선하다. 그뿐인가! 그 인물을 그린 명화를 선별

한 저자의 노력으로 독자는 명화 감상의 호사를 누릴 수 있음에 독자의 한 사람으로 저자에게 감사를 드린다.

독자가 신앙인이 아니더라도, 이 책을 읽어나가면서 각 장 말미에 있는 '해피 엔딩을 위한 메모'에 나의 삶과 죽음을 성찰하며 기록하여 '나의 인생노트'도 완성할 수 있기를 바란다.

홍양희 대표 | (사)사전의료의향서 실천모임 공동대표

성경에서 찾은 삶의 아름다운 마무리

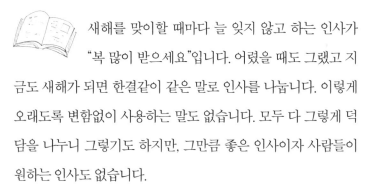 새해를 맞이할 때마다 늘 잊지 않고 하는 인사가 "복 많이 받으세요"입니다. 어렸을 때도 그랬고 지금도 새해가 되면 한결같이 같은 말로 인사를 나눕니다. 이렇게 오래도록 변함없이 사용하는 말도 없습니다. 모두 다 그렇게 덕담을 나누니 그렇기도 하지만, 그만큼 좋은 인사이자 사람들이 원하는 인사도 없습니다.

'복 많이 받는 것'을 다른 말로 '행복한 삶'이라고 표현할 수 있겠습니다. 몇 해 전에는 '웰빙'(well-being)이라는 말을 많이 사용했는데, 몸과 마음이 편안하고 의미 있고 즐거운 삶을 영위하는 것을 가리킵니다. 복을 생각할 때 떠오르는 대표적인 단어가 '오복'(五福)입니다. '수' '부' '강녕' '유호덕' '고종명'을 일컫습니다. 오래 사는 복인 '수'(壽), 부유함을 누리는 복인 '부'(富),

큰 우환이 없이 건강하게 사는 복인 '강녕'(康寧), 덕을 쌓으며 즐기며 사는 복인 '유호덕'(攸好德) 그리고 주어진 명을 다하고 편안하게 숨을 거두는 복이 '고종명'(考終命)입니다.

삶에서 누리기 원하는 다섯 가지 복에 '고종명'(考終命) 즉 '주어진 명을 다하고 편안하게 숨을 거두는 복'이 있음에 주목하게 됩니다. 복에 대해 생각할 때, 잘 사는 것이야 다들 생각하지만 잘 죽은 것에 대해서는 그다지 염두에 두지 않으니까요. 그래도 요즘은 '좋은 죽음' '웰다잉'(well-dying)에 대한 관심이 높아졌습니다. 삶의 문제에는 죽음의 문제가 반드시 포함됨을 점점 인식하게 되었기 때문이겠지요.

'좋은 죽음'(Good Death)이란 개념은 영국에서 나온 보고서 '생애말기 돌봄 전략'(The End of Life Care Strategy)에서 처음 등장했다고 합니다. 영국 정부는 2008년, 고령화가 심각해지는 반면 죽음에 대한 사회적 준비가 부족한 것을 인식하고 준비하기 시작했습니다. 여기서 좋은 죽음은 '익숙한 환경에서' '존엄과 존경을 유지한 채' '가족·친구와 함께' '고통 없이' 죽는 것을 가리킵니다.

2010년 영국 ≪이코노미스트≫지(誌) 산하 연구소가 전 세계 40개국을 대상으로 실시한 '죽음의 질 지수'(Quality of Death

Index) 조사에서 영국이 1위에 오른 것은 이런 보고서와 그에 따른 활동의 결과라고 합니다. 참고로 이 조사에서 한국은 32위에 위치했습니다.

좋은 죽음을 생각할 때 제일 먼저 떠올리는 것은, 죽음을 앞둔 사람이 덜 고통받고 더 존중받으며 죽음에 이르는 것입니다. '좋은 죽음'(good death, euthanasia)은 그리스어 'euthanatos'에서 유래되었습니다. 이 단어는 'eu'(good)와 'thanatos'(death)가 결합된 것으로 안락사(적극적 안락사, 조력자살, 소극적 안락사)나 존엄사의 의미까지 담고 있어 사용에 주의가 필요합니다.

일반적으로는 좋은 죽음은 주어진 삶을 다하고 고통 없이 가족과 마지막까지 따뜻한 교감을 나누며 죽음에 이르는 것을 의미합니다. 고통 없이 죽음에 이르는 것과 동시에 주변 사람들에게 좋은 영향을 끼치는 것, 다시 말해 삶의 아름다운 마무리를 가리킵니다.

그래서 좋은 죽음, 삶의 아름다운 마무리는 먼저 인간이 죽을 수밖에 없는 존재임을 깨닫는 것에서 시작합니다. 죽음을 인정할 때 좋은 죽음을 위한 준비가 시작되니까요.

사실 죽음을 수용하고 받아들이는 것은 참 어려운 일입니다.

'죽음'이라는 단어는 사람들 사이에서 가능하면 꺼내기 싫고 언급하지 않는 게 나아보입니다. 하지만 죽음이 언제 우리를 찾아올지 모르고, 또 죽음의 과정으로 들어가서 다양한 장애와 고통을 겪을 때는 아무것도 할 수 없기 때문에 평소 죽음에 대한 인식부터 시작해 삶의 아름다운 마무리를 위해 준비해야 합니다. 평안한 가운데 삶의 마지막을 직시하고 거리낌 없이 죽음을 이야기할 수 있다면 이는 행복한 삶입니다. 개인이나 가족뿐 아니라 사회에서도 그럴 수 있는 분위기라면, 좀 더 많은 사람들이 좋은 죽음을 맞이할 수 있겠지요.

현대인에게 삶의 아름다운 마무리를 위한 준비가 더욱 중요해졌습니다. 과거보다 생애 말기를 미리 준비하면서 삶을 잘 정리하고 떠나지 못하는 경우가 오히려 많아졌기 때문입니다. 그 이유를 현대인의 죽음의 특징에서 찾아볼 수 있습니다.

현대는 고령 인구의 비중이 높아지면서 질병을 안고 병원에서 의료적 조치를 받는 기간이 길어졌습니다. 병원 중환자실에서 의식을 잃은 상태로 누워 있는 경우도 늘었고요. 익숙한 환경이 아닌 병원에서 죽음을 맞이하고, 병원의 장례식장에서 장례식을 치른 뒤 면식 없는 누군가의 도움을 받아 세상을 떠납니다.

하지만 예전에는 이렇지 않았습니다. 주로 기운이 다해 죽음에 이르렀지요. 또 죽음에 이르는 과정이나 질병으로 인한 고통을 겪는 기간도 짧았습니다. 대부분 거주하던 집에서 가족과 마지막 작별 인사를 나누며 따뜻한 분위기에서 삶을 마무리할 수 있었습니다. 친밀한 사람들과 함께한 가운데 자연스럽게 죽음을 맞이했습니다.

그래서 현대에는 더욱 좋은 죽음에 대해서 묻고, 좋은 죽음을 준비해야 합니다. 고통을 덜고 편안한 죽음을 맞는 데 필요한 호스피스 완화의료에 대해서, 그리고 무의미한 연명치료로 좋은 죽음의 기회를 놓치지 않도록, 연명의료결정법에 대해서도 알아두어야 합니다.

다시는 사랑하는 사람과 얼굴을 맞대고 이야기할 수 없기에 마지막으로 하고 싶은 말, 사랑하고 고맙다는 말을 할 수 있는 시간을 만들어야 합니다. 미안한 마음을 전하고 용서를 구하며 또 용서함으로 누군가를 자유롭게 해줄 그런 시간도 필요합니다.

그리고 자신이 지나온 시간을 돌아보고 그 의미를 깨달으며 인생의 깊이를 발견하는 마지막 성장의 기회로 삼아야 합니다. 그 가운데 자녀를 축복할 기회도 만들 수 있습니다. 이것이 아름다운 마무리, 좋은 죽음을 위해 준비해야 할 것들입니다.

성경을 읽어보면 몇몇 주요인물과 관련해서 죽음을 어떻게 맞이하고 또 죽음을 앞두고 어떤 준비를 했는지 살펴볼 수 있습니다. 성경이 모든 인물의 죽음을 다 기록하진 않았지만 아름다운 삶의 마무리로서의 좋은 죽음을 위한 준비에 있어 중요한 지혜를 전해줍니다.

죽음의 가치와 의미를 깨닫는 일, 자신과 가족의 정체성을 기억하게 하는 공간 준비, 형제와의 오래된 갈등을 푸는 화해의 시간, 자녀를 축복하고 당부하며 남기는 유언 그리고 일상의 삶이 죽음과 죽음 이후에 어떤 영향을 미치는지 등 아름다운 마무리를 위한 좋은 예들을 만날 수 있습니다. 동시에 물질을 좇느라 죽음을 잊고 살아가는 어리석은 삶의 결과가 보여주는 안타까운 죽음 역시 좋은 죽음에 대한 필요성을 더욱 역설합니다.

성경인물과 함께 찾아가는 삶의 아름다운 마무리, 좋은 죽음의 여정에 여러분을 초대합니다. 이 일은 죽음을 앞둔 시점이 아닌 지금 시작해야 할 일입니다. 이로 인해 변화될 삶의 놀라운 결과를 생각한다면, 지금 꼭 한 번은 생각해야 할 과제이기 때문입니다.

박인조

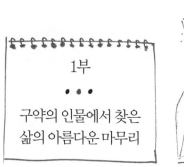

1부
• • •
구약의 인물에서 찾은
삶의 아름다운 마무리

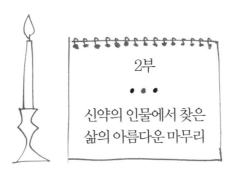

2부
• • •
신약의 인물에서 찾은
삶의 아름다운 마무리

구약의 인물에서 찾은

삶의 아름다운 마무리

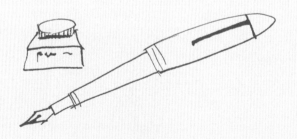

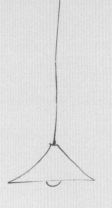

1

아브라함,
죽음에서 읽어야 할 삶

믿음의 자취 남기기

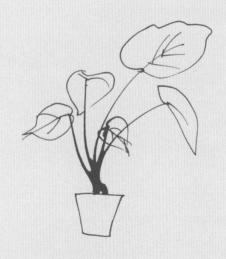

• • •

삶의 마지막을 잘 정리하고 생을 아름답게 마무리하기 원한다면, 평소 미리 준비해야 할 것들이 있습니다.

삶의 마지막을 위한 준비

삶의 마지막을 위한 첫걸음은 죽음의 의미를 생각해보고 알아가는 것입니다. 가족이나 지인, 가까운 이들과 죽음에 대해 허심탄회하게 대화하는 것이지요. 또 관련 주제의 강연에 참석하거나 책을 읽는 것으로 도움을 받을 수 있습니다.

물론 선뜻 꺼내기 어려운 주제이지만, 누군가 먼저 이야기를 시작한다면 예상하지 못한 다양한 경험과 생각을 나눌 수 있습니다. 대화가 끝나면 상대방을 깊이 이해하고 또 삶에 대해 좀 더 진지해지는 자신을 발견할 수 있습니다. 이렇게 죽음을 알아가고 그 의미를 생각해보는 과정을 통해서, 죽음에 대한 막연한 불안감과 두려움을 극복하고 자연스럽게 인정하고 받아들일 수 있는 준비를 하게 됩니다.

〈아브라함 가족의 여정〉 조반니 카스틸리오네, 1650-1660년

이어서 좀 더 구체적인 행동으로는 '사전연명의료의향서'나 '사전장례의향서' 작성을 권합니다. '사전연명의료의향서'는 '연명의료결정법'에 근거해 작성하는 것으로 향후 임종과정을 대비하여, '심폐소생술' '인공호흡기 착용' '혈액투석' '항암제투여' 등의 연명의료 시행에 대한 자신의 의사를 직접 문서로 밝혀두는 것입니다. 무의미한 연명치료를 시행하지 않도록 미리 기록해두면 국가 전산망에 등록되어 언제든지 확인할 수 있고 변경이나 철회도 가능합니다.

그리고 '사전장례의향서'를 작성하면서 자신의 장례를 미리 준비해볼 수 있습니다. 나의 죽음에 대해 알릴 사람의 범위, 장례 형식과 절차에 대한 생각, 매장할지 아니면 화장할지에 대한 결정, 장지(葬地) 등에 대해 미리 작성하는 것입니다. 이런 준비는 나에게도 유익하지만 가족과 주변 사람에게도 큰 도움이 됩니다. 장례식을 치르느라 어수선한 가족에게 심적인 여유를 줄 수 있기 때문입니다. 동시에 죽음에 대한 이해가 깊어지면 보다 바람직한 장례에 대해 이야기를 나누며 알려줄 수도 있기 때문입니다.

그 외에도 평소 소원했던 관계를 회복하고, 용서해야 할 일을 용서하고 용서받아야 할 일에 대해서는 용서를 구하는 일도 삶의 마무리를 위해 꼭 필요합니다. 사람은 죽어서나 살아서나 관계 속에서 살아갑니다. 죽음과 동시에 모든 관계가 깔끔하게 정리되는 것은 아닙니다. 지난 관계들은 오랜 세월 쌓인 퇴적층처럼 누군가의 삶에 다양한 흔적으로 남기 때문입니다.

누군가의 마음에 오래도록 남을 부담과 해결되지 않은 숙제를 두고 세상을 떠나는 것은 참 안타까운 일입니다. 이를 마무리할 시간이 필요합니다. 그리고 유언장을 써두거나 자신이 쓰던 물건을 미리 정리해두는 것도 삶의 마무리를 위한 구체적 준비로 꼽을 수 있습니다.

아브라함의 특별한 준비

믿음의 조상 아브라함은 175세를 살다 죽음을 맞이합니다. 성경은 아브라함이 하나님의 부르심에 순종하여 아무것도 알지 못하는 중에 하나님이 인도하시는 땅을 향해 갔다고 알려줍니다. 그리고 자신이 살던 곳을 영원한 거주지로 생각한 것이 아니라, 하나님이 허락하실 믿음의 본향인 천국을 항상 마음에 품고 살았다며 그 믿음의 여정을 설명합니다.

¹⁵그들이 나온 바 본향을 생각하였더라면 돌아갈 기회가 있었으려니와 ¹⁶그들이 이제는 더 나은 본향을 사모하니 곧 하늘에 있는 것

〈아브라함의 환대〉 미상, 1375-1400년

이라 이러므로 하나님이 그들의 하나님이라 일컬음 받으심을 부끄
러워하지 아니하시고 그들을 위하여 한 성을 예비하셨느니라

_히브리서 11:15-16, 개역개정

아브라함의 죽음과 이후 일들이 창세기 25장에 기록되어 있
는데, 그는 나이가 많아 늙어 기운이 다해 죽었다고 밝히고 있
습니다. 평안한 가운데 죽음을 맞이했습니다. 특히 많은 부모들
이 바라는 것처럼 아브라함은 아내 사라의 죽음 이후, 아들 이
삭이 결혼하는 것도 봅니다. 행복한 순간이지요. 그렇게 하나
님이 범사에 주시는 복을 받아 누리며 살다 죽음에 이릅니다.
건강하게 장수하다 복되게 맞이한 죽음이라 할 수 있겠습니다.

그는 죽기에 앞서 아들 이삭과 여러 다른 자녀에게 재산을 나누어주었고, 어떤 자녀에게는 동쪽 땅으로 가서 새로운 터전을 만들기를 당부했습니다. 그런 아브라함이 숨을 거두자 아브라함의 아들 이삭과 이스마엘은 이전에 아브라함이 준비해두었던 막벨라 굴에 아버지를 장사합니다. 이제 아내 사라가 장사되었던 곳에 함께 묻히게 됩니다.

> [7]아브라함이 누린 햇수는 모두 백일흔다섯 해이다. [8]아브라함은 자기가 받은 목숨대로 다 살고, 아주 늙은 나이에 기운이 다하여서, 숨을 거두고 세상을 떠나, 조상들이 간 길로 갔다. [9]그의 아들 이삭과 이스마엘이 그를 막벨라 굴에 안장하였다. 그 굴은 마므레 근처, 헷 사람 소할의 아들 에브론의 밭에 있다. [10]그 밭은 아브라함이 헷 사람에게서 산 것이다. 바로 그 곳에서 아브라함은 그의 아내 사라와 합장되었다. [11]아브라함이 죽은 뒤에, 하나님은 아브라함의 아들 이삭에게 복을 주셨다. 그 때에 이삭은 브엘라해로이 근처에서 살고 있었다.
>
> _창세기 25:7-11

이와 관련해 아브라함의 생애에서 주목할 만한 장면이 있습니다. 그것은 아브라함의 아내 사라가 127세에 가나안 땅 헤브론에서 죽었을 때, 아내를 위해 무덤을 마련하는 장면입니다. 오랜 세월 동고동락을 했던 아내가 죽자 장지(葬地)가 필요했습니다. 고향인 갈대아 우르를 떠난 지 오래였지만 유목민으로 살며 이동이 잦아서인지 가족을 위한 장지를 마련하지 못했습니다. 그는 근처 헷 족속에게서 땅을 구입해 거기에 아내 사라를 장사하는데, 창세기 23장에서 그 이야기를 자세히 설명합니다.

아브라함은 헷 족속을 찾아가 장지를 구하기 위해 상의하는데, 그들은 어디든지 원하면 주겠다고 호의를 베풉니다. 아브라함은 에브론의 밭머리에 있는 막벨라 굴을 가리키며 충분한 대가를 낼 테니 사용할 수 있게 해달라고 요청하지요. 그런데 에브론은 그 밭을 그냥 주겠노라고, 그리고 이를 동족 앞에서 맹세할 테니 그곳을 장지로 사용하라며 흔쾌히 내놓습니다. 하지만 아브라함은 몸을 굽히며 간곡한 말로 그 밭의 값을 지불하겠다는 의사를 전합니다.

다시 에브론이 그냥 사용해도 된다고 말하지만, 아브라함은 은 400세겔을 땅값으로 내고 에브론의 밭과 거기에 속한 굴과 그 부근의 모든 나무를 소유로 확정합니다. 그리고 그곳에 아내 사라를 장사합니다. 이후 이곳은 사라만이 아니라 아브라함과 그의 후손들의 장지로 사용됩니다. 아내 사라가 죽었을 때, 아

〈아브라함의 제물〉 렘브란트, 1635년

브라함은 이러한 과정을 거쳐 자신과 가족을 위한 공간을 준비했습니다.

믿음의 자취를 남기길 원한 아브라함

여기서 몇 가지 궁금증이 생깁니다. 왜 아브라함은 이곳에 자신과 가족을 위한 장지를 준비했을까요? 사실 아브라함이 태어난 곳은 갈대아 우르였거든요. 자신이 태어난 고향에 묻혀야 한다고 생각했다면 갈대아 우르에 준비할 수도 있었겠지만 그러지 않았습니다. 물론 에브론의 땅은 아브라함이 살던 근방의 지역이니 어쩌면 자연스러운 결정이었겠지요.

그런데 그보다 아브라함은 하나님의 약속을 생각했습니다. 여기까지 인도하시고 삶의 자리를 허락하신 하나님의 역사를 알고 믿었기에 이곳에 가족을 위한 장지를 마련했습니다. 하나님이 허락하신 이곳을 자신만이 아니라, 후손들이 계속 지키고 이어가길 원했습니다. 하나님의 약속이 있는 이곳을 후손들이 떠나지 않고 계속 소중히 지키기를 바라는 마음이었지요.

그래서 고집스럽게 비용을 지불하며 이곳을 선택했습니다. 헷 족속과 에브론의 호의를 받고 있었고 그래서 충분히 무상으로 땅을 얻을 수 있었지만, 쉽게 얻으려 하지 않았습니다. 충분

〈이삭의 희생〉 티치아노 베첼리오, 1542-1544년

한 값을 지불하는데, 그만큼 이 장소에 특별한 가치를 부여한
것이었습니다. 이곳을 가치 있게 여겼다는 증거입니다. 그것은
또한 자녀들이 쉽게 이곳을 떠나지 않도록 하기 위함이었는지
도 모릅니다.

분명한 것은 미리 준비된 이곳이 전할 메시지를 생각했던 것입니다. 하나님의 약속이 함께하는 삶과 죽음에 대해서, 아브라함의 가족이 지켜갈 믿음과 하나님이 인도하시는 여정에 대해서 생각하도록 말입니다.

고인을 기억하는 장소, 묘지

　'묘지'(墓地)란 일반적으로 시신이나 유골을 매장하는 공간을 의미하는데, 대부분 고인을 생각해서 주변 환경이 좋고 넓은 곳을 선호합니다. 일명 '명당'(明堂)이라고 부르는 곳이지요. 그리고 거기에는 고인을 기억할 수 있는 여러 기념물을 세우려 합니다. 사랑하는 사람이기에 또 존경하는 마음으로 그렇게 하려 하지요. 그중에는 좋은 묫자리를 많은 돈을 들여 구입하고, 화려하고 큰 무덤을 만드는 경우가 있습니다. 그로 인해 사람들의 비난을 받기도 하지요. 결국 자손뿐 아니라, 고인에게도 책임을 묻게 됩니다. 그의 지난 삶을 묘지에서 읽고 평가하기 때문입니다.

　사람들이 묘지에 신경을 많이 쓰는 이유 중 하나는 풍수지리설 때문입니다. 묘지도 명당이 있다는 생각이 퍼지게 된 것이지요. 사람의 시신을 묻는 '묘소'(음택, 陰宅)나 사람이 살 '집'(양기,

陽基)으로 좋은 곳을 '명당'(明堂)이라고 하는데, 살았을 때는 좋은 환경에서 살고 죽어서는 자손들이 잘되기를 바라는 인간의 소원에 근거한 것입니다. 이런 일은 자녀들에게 부귀영화가 계속 이어지기를 원하는 마음에서 비롯됩니다.

그런 면에서 자신의 의사를 분명히 밝히고 죽음 이후 일어날 일들을 준비해야 합니다. 그렇지 않으면 본인의 뜻과는 무관하게 진행될 수 있으니까요. 나는 죽었으니 상관없다고 말 일이 아닙니다. 그것은 가족과 가문의 태도로 이어지고 굳어질 수 있으니까요. 그래서 내 세대부터 바른 마음과 건강한 정신적 유산이 전수되어야 하는데, 이는 이처럼 죽음 준비에서 시작됩니다. 그렇지 않으면 자녀와 후대가 잘 살기를 바라는 인간 심리와 혹시 생길지 모르는 좋지 않은 일을 걱정하는 불안한 심리를 이용하여 이득을 취하는 경우도 생기기 때문에 이런 준비와 결정들은 매우 중요합니다.

죽음에서 읽어야 할 삶

세월이 흘러 이제 아브라함의 아들 이삭이 아브라함을 장사할 때, 막벨라 굴을 소중하게 준비하던 아버지의 지난날을 떠올렸을 겁니다. 특히 이곳을 준비한 아버지의 마음을 한 번쯤은 생

〈아브라함의 번제〉 다비드 테니르스, 1653년

각했을 테고요. 그리고 그곳을 찾을 때마다 아버지에 대해서,
아버지가 믿고 신뢰하던 하나님에 대해서 생각했을 것입니다.

중요한 것은 아브라함이 준비하고 묻힌 그 무덤은 단지 시신을 매장하는 곳이 아니라, 신앙의 유산을 생각하고 기억하는 특별한 공간이 되었다는 점입니다. 그곳에 삶의 마지막 장소를 준비하고 마련할 중요한 이유가 있었던 것이고요. 후손이 받을 복을 보증해주는 명당이냐, 고인의 업적을 보여줄 만한 곳이냐가 중요한 게 아닙니다. 고인의 지난 삶과 그 가운데 함께하신 하나님을 떠올리게 하는 곳이냐가 중요합니다.

건축학도 기세호는 『적당한 거리의 죽음』(2017)에서 프랑스 파리와 서울의 묘지 변화와 역사 그리고 그 의미를 살폈습니다. 저자는 근대 이전에는 삶의 자리가 죽은 자와 지속적인 관계를 맺는 적절한 곳에 있었지만, 증기기관과 기차의 등장 그리고 도시의 확장으로 묘지가 교외로 밀려났다고 분석합니다. 또한 의료와 보건기술의 발달은 묘지에 대한 이미지에 불쾌감과 두려움을 가중시켜 일상과 더 멀어지게 되었다고 지적합니다.

하지만 죽음은 삶 전체를 조망하는 시선을 제공하며, 빛의 스펙트럼이 다양한 것처럼 죽음은 삶을 온전히 이해할 수 있는 준거의 역할을 한다고 강조합니다. 그래서 묘지는 화려함과 젊음만을 추구하기 쉬운 도시 생활에 반성과 성찰을 위한 장소를 제공한다고 설명합니다. 그런 의미에서 묘지, 죽음에서 삶을 읽어야 제대로 살아갈 수 있습니다.

　일상에서 만나는 다양한 유형의 죽음에 대한 경험은 삶을 살아가면서 반성과 성찰의 기회를 제공합니다. 삶을 바라보고 이해하는 시선을 넓고 깊게 만듭니다. 삶의 전체 스펙트럼을 보게 하니까요. 그만큼 삶의 지평이 넓어집니다. 때로 성공을 지향하며 화려하고 편안한 삶을 동경하면서 자기중심적으로 돌아가는 일상 속에, 죽음에 대한 이해와 경험은 하나의 매듭을 주어 인간 실존과 본질에 대해 생각할 순간을 선물합니다.

　아브라함의 무덤은 그런 곳이었고, 자녀들에게 하나님의 약속의 땅을 생각하며 떠나지 않도록 하는 삶의 유산이었습니다. 그런 곳이었기에 값을 제대로 지불하고 분명한 소유에 대한 증명을 남기고 싶었던 것이었겠지요.

　그 준비가 무덤이 되었든 다른 무엇이 되었든, 후손들에게 삶의 방향을 제시하고 지속적으로 기억해야 할 것을 기억하게 하는 것이야말로 준비해야 할 중요한 유산입니다. 아브라함이 준비한 무덤에서, 삶의 마지막을 준비하는 것에 대해서 한 번 더 되돌아보게 됩니다.

해피엔딩을 위한 메모

• • •

나의 비문(묘비명),
자녀에게 남기고 싶은 성경말씀이나 찬송

나의 비문에 대해 생각해보았나요? 혹시 내가 가장 소중히 여기고 자녀에게 남기고 싶은 성경말씀이나 찬송이 있나요? 내가 누구였는지를 보여주며 기억하는 데 도움이 될 비문이나 성경구절, 찬송을 아래에 적어봅니다. 그리고 그런 생각을 가지게 된 사연이나 이유가 있다면 서로 나눠봅시다.

1. 나의 비문

2. 자녀에게 남기고 싶은 성경말씀이나 고백하고 싶은 찬송

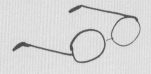

2

요셉,
삶을 닮은 그 사람의 죽음

온유한 마음으로 마무리하기

· · ·

내가 죽을 때 다른 사람에게 부담을 주지 않고, 가족이나 소중한 사람과 함께하며 지금까지의 삶이 의미 있으려면, 무엇보다 삶의 마지막 시간을 잘 보내야 합니다. 준비가 꼭 필요하지요.

그러기 위해서는 먼저 일상의 삶을 잘 사는 것이 중요하다는 것을 조금만 생각하면 알 수 있습니다. 왜냐하면 한 사람의 죽음은 그 사람의 삶을 닮기 때문입니다. 삶의 의미를 발견하는 가운데 따뜻한 관계를 잘 맺는 정돈된 삶을 추구했다면, 죽음의 모습도 그 삶의 모습과 비슷해집니다. 죽음의 문제는 삶의 문제, 일상의 문제, 관계의 문제와 밀접하기 때문입니다.

삶을 닮은 죽음, 삶을 담은 죽음

구약성경에 등장하는 요셉은 야곱의 아들로, 창세기에 그의 생애에 대해 자세히 기록되어 있습니다. 그리고 창세기는 고령이 된 요셉이 자신의 임종을 준비하는 장면과 그의 죽음 그리고 죽음 이후의 장례식에 대한 내용으로 마무리됩니다. 요셉이 자신

〈형제들에 의해 팔린 요셉〉 프란체스코 마페이, 1657-1658년

의 삶을 마무리하는 과정을 보면, 아름다운 마무리의 좋은 예를 발견할 수 있습니다.

  먼저 요셉이 죽음을 준비하며, 형제들을 다시 한번 용서하고 축복하는 장면을 떠올려보겠습니다.

  요셉의 아버지 야곱이 죽자, 요셉과 형제들은 아버지를 고향 가나안 땅에 묻고 애굽으로 돌아옵니다. 그때부터 요셉의 형들은 근심에 빠집니다. 자신들이 과거에 저지른 악행을 잊지 않았기 때문이지요. 지난날 요셉의 형들은 아버지 야곱의 사랑을 독차지한 요셉을 시기하여 상인들에게 노예로 팔았습니다. 그후 요셉은 수많은 어려움과 환난을 겪지요. 요셉의 형들이 생각하기에 지금까지는 아버지 야곱이 살아있어 자기들에게 분풀이하지 않은 것 같은데, 이제 아버지가 돌아가셨으니 복수하지는 않을까 염려된 것입니다.

  요셉의 형들은 아버지의 이름을 거론하며 자기들을 괴롭히지 말라고 요셉에게 간청합니다. 요셉이 뭐라 하기도 전에 선수를 칩니다. 아버지가 돌아가시기 전에 유언을 남겼는데, 우리가 나쁜 일을 저질렀다 해도 그 허물과 죄를 용서하라고 하셨다는 말을 전합니다. 아버지를 핑계 삼아 자신들의 잘못을 덮어버리려는 수작이었습니다. 그 말을 들은 요셉은 얼마나 가슴이 아팠는지 울고 맙니다. 자신의 마음을 몰라주는 형들이 안타까웠습니다.

그런데 그것으로 부족하다 싶었는지, 이제 형들이 요셉을 찾아와 엎드려 이렇게 말합니다. "우리는 아우님의 종입니다."(창 50:18) 이런 말을 할 정도로 어떻게 해서든지 요셉의 보복을 피해보려는 심산이었습니다. 과거의 잘못이 무척이나 신경 쓰였습니다. 어쩌면 지금까지 제대로 된 인정과 사죄가 없어서 더 그랬던 것 같습니다. 자신들의 안위가 불안하고 요셉이 너무나 두려웠습니다.

그러나 그때 요셉이 놀라운 말을 합니다. 창세기 50장 19절과 20절의 말씀입니다. "두려워하지 마십시오. 내가 하나님을 대신하기라도 하겠습니까? 형님들은 나를 해치려고 하였지만, 하나님은 오히려 그것을 선하게 바꾸셔서, 오늘과 같이 수많은 사람의 생명을 구원하셨습니다."

이 모든 일이 하나님께서 행하신 일이라는 것이지요. 비록 형들이 나에게 악한 일을 저질렀지만, 정말 해서는 안 될 일을 했지만, 그렇지만 하나님은 그마저도 좋은 결과로 바꾸셨다는 고백입니다. 우리 모두를 구원하기 위해 나를 먼저 이 땅 애굽에 보내셨다는 고백입니다. 이런 약속도 합니다. 앞으로는 이 일로 다시는 두려워하지 말라고요. 또한 형들과 그 자녀들을 도울 것이라고요.

요셉은 간곡한 말로 형제들을 위로했고, 실제로 그 약속을 지킵니다. 요셉이 110세가 되어 임종을 앞두었을 때, 이 말을 다시 한번 반복합니다. 모두 하나님의 섭리이니 걱정하지 말라고, 그리고 하나님이 돌보아주실 것이라는 유언을 남깁니다. 원망과 불평, 비난이 아닌 용서와 화해, 축복의 말로 마지막 시간을 보냅니다. 요셉은 진정으로 형제들을 용서했고 그 용서가 있었기에 삶을 아름답게 마무리할 수 있었습니다.

[24]요셉이 자기 친족들에게 말하였다. "나는 곧 죽는다. 그러나 하나님께서 반드시 너희를 돌보시고, 너희를 이 땅에서 인도하여 내셔서, 아브라함과 이삭과 야곱에게 맹세하신 땅에 이르게 하실 것이다." [25]요셉은 이스라엘 자손에게 맹세를 시키면서 일렀다. "하나님께서 반드시 너희를 돌보실 날이 온다. 그 때에 너희는 나의 뼈를 이곳에서 옮겨서, 그리로 가지고 가야 한다."

_창세기 50:24-25

깨끗한 마음으로 용서하는 요셉

포용의 삶을 강조하는 신학자 미로슬라브 볼프(Miroslav Volf)는

〈요셉의 피 묻은 옷을 받는 야곱〉 디에고 벨라스케스, 1630년

〈감옥의 요셉〉 헤르브란트 에크호우트, 19세기

『베풂과 용서』(Free of Charge)에서 용서가 하는 일을 설명합니다. 먼저 용서는 잘못된 행위를 지적하고 나무랍니다. 그렇지만 이에 그치는 것이 아니라, 가해자에게 일종의 선물을 베풉니다. 이것이 용서의 핵심이라고 말합니다. 잘못된 행동의 책임을 가해자에게 돌리지 않는 것이지요. 그래서 용서는 가해자들의 무거운 짐을 벗게 하고 실제적인 부채를 너그럽게 탕감해준다고 설명합니다.

삶을 아름답게 마무리하는 열쇠는 용서를 통해 깨끗한 마음, 정리된 마음을 준비하는 것입니다. 분노와 아픔, 상처와 원망의 더러운 마음이 아니라, 용서와 화해의 깨끗한 마음 말이지요. 허전하고 빈 마음이 아니라, 사랑과 배려로 가득 찬 마음이고요. 이 마음으로 이 땅에서의 일을 마무리하고 새로운 곳에서의 삶을 시작해야 합니다. 새로운 삶에 어울리는 마음으로 말입니다.

그렇게 남겨진 이들에게 깨끗한 마음의 기억을 선물할 때, 죽음 이후에도 서로를 기억하는 가운데 따뜻하고 인상 깊은 관계를 이어갈 수 있습니다. 이제 만날 수 없고 또 볼 수도 없는 사람에 대해 남는 것은 기억과 마음뿐입니다. 그래서 그 마음을 잘 정리하는 것이야말로 삶의 마지막을 준비할 때 반드시 필요합니다. 이것이 좋은 죽음, 삶의 아름다운 마무리입니다.

그리고 또 하나, 요셉은 자신의 죽음을 준비할 때 자신의 장례에 대해서도 당부합니다. 자신의 장례에 대해 미리 알리는, 지금으로 말하면 사전장례의향서를 준비하는 것입니다. 지금 살고 있는 이곳 이방인의 땅 애굽이 아닌, 고향 가나안에 묻어 줄 것을 당부하는 내용으로 말이지요.

요셉은 항상 아버지와 형제와 함께 살던 자신의 고향 가나안을 생각했습니다. 비록 어린 나이에 강제로 고향에서 쫓겨났지만, 지나가던 상인에게 노예로 팔려 원치 않게 애굽에 왔지만 말이지요. 이곳 애굽에서 생애 대부분의 시간을 보냈지만 요셉은 고향 가나안으로 돌아가야 함을 알았습니다. 그래서 이렇게 가족과 화해하고 축복하는 것으로, 그리고 잊지 않고 자신의 장례에 대한 의사를 밝히는 것으로 임종을 맞이합니다.

하나님의 사람으로 기억되길 원한 요셉

'고향'(故鄕)은 태어나 자라난 곳이며, 더 확장된 의미로는 마음속 깊이 간직한 그립고 정든 곳을 뜻합니다. 과거에는 태어난 곳에서 자라나 그곳에서 생을 마감했기에 살던 곳에 무덤이 있었습니다.

그래서 고향이란 무덤이 있는 곳, 고인의 삶의 자리가 있는

〈파라오 궁전의 요셉〉 자코포 아미고니, 18세기 전기

곳이었습니다. 같은 장소였지요. 그래서 고향을 찾는다는 것은 조상의 무덤을 찾아 고인을 기억하는 일이기도 했습니다.

하지만 현대인의 삶은 많이 달라졌습니다. 태어난 곳도 자라난 곳도 죽는 곳도 다 다른 경우가 많습니다. 공간적인 의미에서 고향과 무덤을 잃어버린 이들이 대부분입니다. 특히 어디에 묻힐지, 내가 묻히게 될 곳을 전혀 알 수 없습니다. 그런 의미에서 이제 조상의 뼈가 묻힐 곳으로서의 고향의 의미가 사라지는 것 같습니다.

그럼에도 고향이란, 깊은 안도감을 주고 나의 존재를 확인할 수 있는 곳이기에 인간은 여전히 고향을 갈구합니다. 그래서 이제는 과거와는 다른 의미로 불리고 찾습니다. 미래에는 가상세계에 자신만의 고향을 만들지도 모릅니다.

분명한 것은 고향이란 누군가의 사랑을 받고, 누군가를 사랑한 기억이 있어 그리워하는 곳 그리고 그런 사람이 있는 곳입니다. 부모나 형제, 친구 같은 소중한 사람들이겠지요. 무엇보다 인간 근원으로서의 시작을 알려주는 곳이자 언제라도 변함없이 존재 자체로 인정받는 곳입니다. 그래서 누구든 안식을 경험

〈요셉과 그의 형제들〉 아브라함 블루마르트, 1595-1600년

할 수 있는 곳입니다.

가나안 땅은 이스라엘 사람에게 있어서 지역적인 의미에서의 고향 이상의 장소입니다. 가나안은 하나님이 살아계심을 깨닫고 하나님을 만나는 곳입니다. 하나님의 사람으로서의 정체성, 내가 누구인지를 분명하게 깨닫는 곳입니다. 이스라엘 백성의 지금 모습을 만든 곳이 바로 고향, 가나안입니다. 이스라엘 백성의 모습은 그들이 고향인 가나안에서 지낸 시간의 결과이자 반영입니다.

요셉은 대부분의 생애를 애굽에서 보냈지만, 자신이 이스라엘 사람이며 무엇보다 하나님의 사람이라는 인식이 분명했습니다. 그래서 비록 죽음 이후에라도 그곳에 묻힘으로써 누군가 자신을 이스라엘 사람으로, 하나님의 사람으로 기억하길 원했습니다. 그에게 장례와 무덤은 그런 분명한 이유가 있었고 그랬기에 자신을 가나안에 묻어주길 맹세하게 합니다.

삶의 마지막을 생각할 때

죽은 이에게 화려한 장지나 호화로운 장례절차, 고가의 장례물품은 중요하지 않습니다. 그로 인해 지난 삶이 달라지거나 삶이

맺는 열매의 가치가 변하지는 않으니까요. 그럼에도 고인이나 남겨진 가족은 그런 것들에 집착하는 경우가 많습니다.

흙으로 왔으니 흙으로 돌아갈 뿐입니다. 태어날 때 아무것도 가지고 오지 않았으니 죽어서도 그 무엇 하나 가지고 갈 것이 없습니다. 이 분명한 사실을 받아들일 때, 내가 누구인지 올바로 알게 되며 자신의 죽음을 제대로 준비할 수 있습니다.

마지막 매듭 풀기

임종을 앞둔 이들에게 '생전에 하지 못해 후회되는 말은 무엇입니까?'라고 물었을 때, 이에 대한 대답은 다음 네 가지로 모아진다고 합니다. 그것은 바로 '사랑합니다' '고맙습니다' '미안합니다' 그리고 '용서합니다'입니다. 특이한 것은 용서받지 못한 것보다 용서하지 못한 것을 더 후회한다고 합니다. 다 잊었다고, 이제는 괜찮다고, 당신도 어쩔 수 없었을 거라고, 이제 매듭을 풀자는, 이 말을 전하지 못한 것을 가장 안타까워한다고 합니다.

삶의 마지막은 갑자기 찾아옵니다. 그러니 평소에 죽음을 준비하는 마음으로 사는 것이 지혜입니다. 꼭 해야 할 말과 해야 할 중요한 일들을 바쁘다고 미루어서는 안 됩니다. 미루다가 소중한 기회를 놓치고 죽음 앞에서 어쩔 줄 몰라서 당황하기 쉽습니다. 그런 면에서 일상의 삶에서 용서하고 화해하며 사랑하고 고마움을 표현하는 것이야말로 삶의 마지막을 준비하는 가장 지혜로운 모습입니다.

용서와 화해를 이루는 요셉의 마지막은 그의 삶을 그대로 드러내 보여줍니다. 하나님의 사랑과 인도하시는 섭리를 믿었기에, 그의 일상은 용서와 화해로 충만했습니다. 하나님 앞에서의 깨끗한 마음과 본향에 대한 그리움은 그의 마지막을 아름답게 만들었고요. 여기 성경인물과 함께 찾는 삶의 아름다운 마무리에 대한 지혜가 있습니다.

• • •

내가 생각하는 '장례식'
나를 만나러온 이들에게 전하는 마지막 인사말

장례절차를 준비하고 진행하는 일은 유가족이나 장례식에 참석하는 조문객 모두에게 신중하면서도 부담스러운 일입니다. 그래서 고인이 희망하는 장례의식, 장례식의 크기나 분위기, 장례절차 등에 대해 미리 의사를 밝혀놓으면 실제 진행하는 데 큰 도움이 됩니다.
가족이 유념했으면 하는 말이나 장례식에 찾아온 이들에게 전하는 마지막 인사말을 미리 남겨놓는 것도 좋습니다.

1. 나의 장례식 준비에 바라는 것들
(알릴 범위, 장례방식과 절차 등)

• 장례소식을 알릴 범위

_____

_____

• 장례방식과 절차

_____

_____

2. 장례식에서 가족들이 유념했으면 하는 것들

3. 나를 만나러 온 이들에게 전하는 마지막 인사말

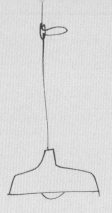

3

모세,
다가오는 죽음에 말 걸기

지난 일들을 감사하기

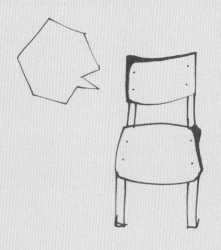

• • •

삶의 아름다운 마무리를 위해 준비하다 보면 손에 꼽게 되는 중요한 몇 가지 측면이 있습니다.

모든 세대가 준비해야 할 마지막

먼저 지난 삶을 돌아보고 의미를 찾는 삶의 '정리의 측면'입니다. 삶을 정리하는 시간이 필요합니다. 흘러간 시간들이 무의미한 시간이 아니라 바른 결정과 선택으로 이루어진 소중한 시간이었음을 발견하는 과정이지요. 이러한 시간은 죽음을 앞두고 찾아오는 인생의 허무를 넘어 심리적인 안정감을 선물합니다.

두 번째, 용서하고 풀어야 할 '관계의 측면'입니다. 죽음이 주는 큰 두려움 중의 하나는 관계의 영원한 단절입니다. 이제 영원히 잊히는 존재가 된다는 두려움입니다. 그래서 감사한 마음으로 관계를 보듬는 시간이 중요합니다.

세 번째, 혹시 찾아올지 모르는 연명의료상황에서의 '자기의사 표현의 측면'입니다. 미리 정해두지 않으면 자녀를 비롯한 남겨진 내 소중한 사람들이 어찌할 줄 몰라 혼란을 겪을 수 있습니다.

마지막으로 꼽을 수 있는 것은 삶의 정신과 가치를 남기는 '유산의 측면'입니다. 삶의 가치와 태도를 후손에게 남기는 것이지요. 성취와 업적이 아니라 인격을 후손에게 유산으로 남기는 것입니다. 물론 그밖에 유언서 작성, 수의나 장묘 공간 마련 등이 있습니다.

핵심은 이러한 것들은 지금까지 살아온 인생을 마무리하는 중요한 것으로, 시간을 들여 신중하게 준비해야 한다는 것입니다. 돈만 지불하면 바로 쉽게 구할 수 있는, 물건을 사는 차원의 일이 아닙니다. 물론 물건도 좋은 것을 고르려면 시간과 정성을 들여야 하지요. 그렇다면 삶의 마지막을 위한 준비는 어떨까요. 시간과 정성은 물론, 지식과 인내 그리고 용기가 필요합니다.

그래서 이런 준비는 죽음의 특성을 생각해볼 때, 노년기에 있는 노인만이 아니라 전 세대 모두가 생각해야 할 내용입니다. 누구나 노년이 되고 나서야 죽음을 맞는다고 여기지만, 사실 나에게 그날이 언제 올지는 아무도 모르기 때문입니다. 그러므로 삶의 아름다운 마무리는 모든 세대가 함께 준비하며 배워야 할 필수 과제입니다.

〈약속의 땅을 본 모세〉 벤자민 웨스트, 1801년

〈모세의 죽음〉 알렉상드르 카바넬, 1850년

신명기 34장에는 모세의 죽음과 관련된 기록이 있어, 그가 죽음을 맞이하는 전후 상황을 살펴볼 수 있습니다. 죽음을 앞둔 모세의 나이는 120세였습니다. 모세가 죽음을 맞이하기 전, 비스가 산꼭대기로 올라가서 요단강 건너편 가나안 땅을 봅니다. 그곳을 멀리서 바라보긴 하지만 들어가지는 못합니다. 하나님이 그렇게 말씀하셨거든요.

모세는 죽을 때까지 눈이 흐리지 않았고 기력이 쇠하지 않을 정도로 강건했습니다. 그러니 산꼭대기까지 올라가 저 멀리를 바라보는 기회도 얻을 수 있었겠지요. 그는 죽기 전에 여호수아에게 안수했는데, 그러자 하나님의 지혜가 여호수아에게 충만했습니다. 죽기 전까지 신체적으로만 아니라 정신적으로도 또 공동체 안에서의 리더십 측면에서도 건재했음을 알 수 있습니다.

그런 모세가 죽자, 모압 땅에 있는 골짜기에 장사됩니다. 아무도 그가 어디에 묻혔는지 알지 못한다고 성경은 전합니다. 그의 죽음에 이스라엘 백성은 모세를 추억하며 30일을 애곡했습니다. 그가 이스라엘 백성에게 얼마나 큰 영향을 끼친 인물이었는지 충분히 알 수 있는 대목입니다. 그리고 모세에 대한 평가가 성경에 이렇게 기록됩니다.

¹⁰그 뒤에 이스라엘에는 모세와 같은 예언자가 다시는 나지 않았다. 주님께서는 얼굴과 얼굴을 마주 대고 모세와 말씀하셨다. ¹¹주님께서는 그를 이집트의 바로와 그의 모든 신하와 그의 온 땅에 보내셔서, 놀라운 기적과 기이한 일을 하게 하셨다. ¹²온 이스라엘 백성이 보는 앞에서, 모세가 한 것처럼, 큰 권능을 보이면서 놀라운 일을 한 사람은 다시 없다.

_신명기 34:10-12

지난 일에 전적으로 감사할 수 있다면

누구라도 지난 삶을 되돌아보면 후회되는 일들이 참 많이 떠오를 겁니다. 지난 일을 생각하면 그때 왜 그랬는지, 왜 그런 선택을 했는지 아쉬운 마음이 드는 일들이 너무나 많습니다. 다시 그때로 돌아갈 수만 있다면, 그래서 다른 선택을 했다면, 지금 내가 이런 모습은 아닐 것이라는 상상도 해봅니다.

물론 후회에는 긍정적인 측면이 있습니다. 우리의 삶을 다시 재정립하게 하는 데 도움을 주거든요. 잘못을 통해 바르게 고쳐 나갈 수 있습니다. 혹시 어긋난 길로 가고 있다면 다시 변경할 수 있는 기회가 되니까요.

하지만 사실 그조차 인생의 한 부분이고 그런 시간들이 모여

〈십계명판을 내리치는 모세〉 렘브란트, 1659년

오늘에 이른 것이기에, 있는 그대로 인정하고 받아들이는 자세가 필요합니다. 후회로 과거의 일들을 바꿀 수는 없기에, 오히려 그것까지도 감사할 수 있다면 오늘과 내일이 달라집니다.

이러한 태도는 노년의 시기 또는 죽음을 준비하는 데 있어서 더욱 중요합니다. 지난 삶을 정리할 때, 돌이킬 수 없는 일들을 수용하는 것이야말로 아름다운 마무리의 첫 단계라 할 수 있습니다. 돌이킬 수 없는 지난 일을 수용한 이후에야 내가 해야 할 일을 알 수 있으니까요. 지금까지의 삶의 의미를 알아야 앞으로의 삶을 살아갈 힘을 얻을 수 있으니까요.

죽음을 앞둔 모세에게 결코 잊을 수 없는 한 장면을 꼽으라면 그것은 가데스에서 있었던 일일 겁니다. 그의 120년 삶은 애굽의 왕자에서 양치기 그리고 민족의 지도자까지 정말 파란만장했습니다. 애굽 왕 바로의 공주의 아들이 된 것, 동족을 위해 애굽 사람을 때려죽인 것, 미디안 땅으로 도망쳐 양떼를 치던 것, 떨기나무 가운데 일어난 불꽃에서 여호와의 사자를 만나 하나님이 주시는 소명을 받게 된 것, 그리고 고통 중에 있는 이스라엘 백성을 애굽 사람의 손에서 건져내어 아름답고 광대한 땅, 젖과 꿀이 흐르는 땅인 가나안으로 인도한 것 등을 떠올릴 수 있습니다.

그럼에도 이 가데스에서의 장면이 가장 인상 깊은 이유는 그 일로 모세가 가나안 땅에 들어가지 못했기 때문입니다. 그의 평생소원이며 하나님으로부터 받은 소명의 완성이었는데 말이지요. 그때의 실수로 지난 삶의 수고와 애씀의 결실을 놓치고 말았습니다. 그러니 얼마나 후회가 되며 화가 났을까 싶습니다.

그런데 그는 죽음을 앞두고 그에 대해 별다른 말을 하지 않습니다. 비스가 산꼭대기에서 약속의 땅을 바라보는 것으로 만족합니다. 그것이 죽음을 앞둔 모세의 모습이었고, 지난 삶을 마무리하는 순간이었습니다. 모든 후회와 아쉬움을 끌어안고 다가오는 죽음을 밀치려는 것이 아니라, 그것을 그대로 받아들이는 모세의 멋진 마무리를 볼 수 있습니다.

7모세가 죽을 때에 나이가 백스무 살이었으나, 그의 눈은 빛을 잃지 않았고, 기력은 정정하였다. 8이스라엘 백성은, 모압 평원에서 모세의 죽음을 애도하는 기간이 끝날 때까지, 모세를 생각하며 삼십 일 동안 애곡하였다. 9모세가 눈의 아들 여호수아에게 안수하였으므로, 여호수아에게 지혜의 영이 넘쳤다. 이스라엘 자손은, 주님께서 모세에게 명하신 대로, 여호수아의 말을 잘 듣고 그를 따랐다.

_신명기 34:7-9

분노의 숨겨진 뿌리, 교만

시간을 돌려 그때로 돌아가 보겠습니다. 이스라엘 백성들이 신 광야에 이르러 가데스에 있을 때, 물이 없자 백성들은 앞다투어 모세를 원망하고 모세와 아론에게 불평을 늘어놓았습니다. 그러자 하나님은 모세와 아론에게 "지팡이를 가지고 반석에게 명령하여 물을 내라"(민 20:8, 개역개정)고 말씀하시지요. 그런데 그때 이 말씀을 받은 모세가 손을 들어 "그의 지팡이로 반석을 두 번 치니"(민 20:11, 개역개정) 많은 물이 솟아나왔습니다. 그 결과, 모세는 하나님께서 이스라엘 백성에게 준 땅으로 들어가지 못할 것이라는 말씀을 듣게 되고, 실제로 그렇게 됩니다.

여기서 주목해야 할 것이 있습니다. 먼저 '모세의 지팡이'는 하나님이 특별한 의미를 부여하신 물건입니다. 모세는 이 지팡이로 많은 기적을 행했고 그래서 이 지팡이는 하나님의 역사를 상징했습니다. 성경을 보면 하나님은 모세에게 지팡이를 어떤 방식으로 사용해야 할지 구체적으로 지시하셨습니다. 그리고 그때마다 모세는 그대로 따랐습니다. 던지라, 치라, 잡으라, 들라 등 여러 형태로 명령하셨고 모세는 그때마다 그대로 행했습니다.

다시 말해 모세가 들었던 지팡이는 흔하디 흔한 지팡이의 모

〈바위에서 물을 내는 모세〉 니콜라 푸생, 1649년

습이었지만 하나님의 명령을 실행하는 수단이자 하나님이 이 스라엘 백성을 이끌고 계심을 보여주는 증거였습니다. 그러므로 지팡이로 무엇인가를 하라고 하신 하나님의 명령을 세심하게 듣고 꼼꼼히 순종해야 했는데, 가데스에서 모세는 그러지 못했습니다.

결정적인 것은 분노였습니다. 모세는 회중에게 불만을 터트리며 분노했습니다. 그 분노는 결국 자기 절제력을 넘어서서 하나님의 말씀이라는 본질을 망각하고 하나님의 말씀을 소홀히 여기는 행동이었습니다. 민수기 20장 10절에서 모세는 이렇게 말합니다. "우리가 너희를 위하여 이 반석에서 물을 내랴"(개역개정).

분노한 모세는 마치 자신이 반석에서 물을 내는 것처럼 오만하게 말했습니다. 이런 분노와 보복하려는 마음은 결국 자신을 드러내고 싶은 교만에 뿌리를 둔 것이었습니다. 그 결과, 그 자리에서 드러나야 할 하나님의 영광이 모세로 인해 가려집니다. 그래서 가나안 땅을 밟지 못한 것이지요.

> [12]주님께서 모세와 아론에게 말씀하셨다. "너희는 이스라엘 자손이 보는 앞에서 나의 거룩함을 나타낼 만큼 나를 신뢰하지 않았다. 그러므로 너희는, 내가 이 총회에게 주기로 한 그 땅으로 그들을 데리고 가지 못할 것이다." [13]여기에서 이스라엘 자손이 주님과 다투었으므로, 이것이 바로 므리바 샘이다. 주님께서 그들 가운데서 거룩함을 나타내 보이셨다. _민수기 20:12-13

후회와 아쉬움도 감사로 받아들인 모세

시카고 대학교 석좌교수 마사 누스바움(Martha Nussbaum)은 『지혜롭게 나이 든다는 것』(Aging Thoughtfully)에서 노년의 시기에 마주하는 것들에 대해서 이야기하는데, 특히 '이타심'에 대해 언급합니다.

저자는 노년기에 더욱 감정 조절에 신경을 써야 하고 다른 사람의 입장에 서려는 노력이 필요하다고 당부합니다. 솔직함이 귀중한 덕목이지만 조절되지 않은 감정을 그대로 내뱉는 솔직함은 지혜롭지도 바람직하지도 않습니다. 노년기에는 주도권을 상실하고 의존적이 되는 것이 불안해서, 오히려 사고의 폭이 좁아질 수 있고 자기중심적으로 생각한다고 말합니다.

이처럼 나이가 들수록 긍정적인 시각과 이타적인 태도를 지니기 어려워지므로, 노년기에는 더욱 좋은 점에 주목하는 것이 자신과 다른 사람을 행복하게 하는 방법이라고 설명합니다.

과거 모세는 자신의 분노를 종종 주체하지 못했습니다. 그것은 이스라엘의 광야 여정을 이끄시는 분이 하나님이 아니라, 자기 자신이라는 생각이 뿌리깊이 자리하고 있었음을 보여줍니다. 하지만 노년에 죽음을 앞둔 그의 모습은 확실히 달라졌습니다. 오히려 더욱 자신의 감정을 잘 조절하고 다른 사람을 배려하며 격려하고 좋은 점에 주목합니다.

모세는 지난날의 기억을 되짚으며 아쉬워하고 후회로 혼란스러울 수 있는 상황에서 차분히 죽음을 준비합니다. 이루지 못한 것까지도 온전히 받아들이고 수용하는 마음은 그에게 평안을 선물했고, 그래서 죽음을 맞이할 때까지 건강할 수 있었고

〈모세와 가나안 정탐꾼〉 조반니 란프랑코, 1621-1624년

자신의 후임인 여호수아를 기꺼이 축복할 수 있었습니다.

　누구에게나 있는 후회와 아쉬움을 감사로 받아들이며 맞이하는 것, 그 가운데서 지난 시간의 의미를 깨닫고 잘 정리하는 것, 이것이야말로 차원 높은 '죽음 준비'이며 아름다운 삶의 마무리의 중요한 요소임을 기억해야 할 것입니다.

해피엔딩을 위한 메모

· · ·

내가 살아온 '인생 그래프'

지금까지 살아온 인생을 점검해봅시다. 나의 '인생 그래프'를 그려봅시다. 5년에서 10년 단위로 구분해서 가운데 선을 중심으로 좋았던 시기는 위에, 아쉬움이 컸던 시기는 아래에 점을 찍습니다. 그 정도에 따라 가운데 선에서 멀게 또는 가깝게 찍을 수 있겠지요.

그리고 각 점을 선으로 연결해 완성합니다. 대단한 사건이 아니더라도 좋습니다. 기억에 남는 일 또 다른 이는 모르지만 나만 아는 일들을 기점으로 삼습니다. 그리고 그렇게 그린 이유에 대해서 이야기 나눠봅시다.

주요 사건

1. 나이   세:

_____

2. 나이   세:

_____

3. 나이   세:

_____

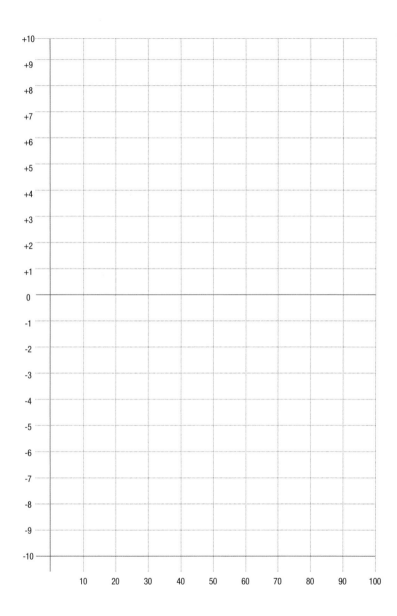

4

다윗,
죽음을 앞둔 이의 마지막 당부

신앙생활에 대해 유언하기

． ． ．

자녀가 잘되기를 바라는 것만큼 부모의 공통된 바람도 없습니다. 죽음을 앞둔 이들의 공통된 마음도 자녀에 대한 것이지요. 자녀의 미래에 소망이 가득하기를 바라는 것 말입니다. 그래서 삶의 아름다운 마무리를 생각한다면, 자녀들이 무엇보다도 먼저 신앙인으로서의 삶을 늘 기억할 수 있도록 해야 합니다. 그리고 이 세상에서의 마지막 말이 신앙생활에 대한 권면이면 더욱 좋겠습니다. 바른 신앙인의 삶을 유산으로 남기는 것이지요. 신앙인으로서의 삶이야말로 복된 삶이며 형통한 삶의 길이기 때문에 신앙의 유산을 남기는 것은 아주 중요합니다. 비록 그 여정 속에서 숱한 어려움을 겪게 된다 하더라도, 하나님을 믿는 믿음과 신뢰하는 마음이야말로 그 길을 끝까지 걸어갈 수 있는 원동력이기 때문입니다.

하나님의 마음에 맞는 다윗

구약성경의 인물 다윗도 생애 마지막 순간에 아들 솔로몬을 불

〈다윗 왕〉 블라디미르 보로비코프스키, 1820년

러 하나님의 말씀에 순종하는 삶을 살 것을 다시금 당부합니다. 그 마지막 시간에 왕으로서 해야 하는, 그리고 해주고 싶은 말이 분명 많았을 겁니다. 그렇지만 그 모든 일에 가장 앞서 아들 솔로몬에게 한 당부는 하나님의 사람에 어울리는 삶을 살라는 것이었습니다.

다윗은 인생에서 수많은 사건을 경험했습니다. 한 집안의 막내아들로 태어나 양을 치는 목동이었던 그가, 블레셋 장수 골리앗을 이기고는 사울 왕의 부름을 받아 왕의 곁에서 지냈습니다. 어린 나이에 사무엘 선지자로부터 왕으로 기름부음을 받았지만, 사울 왕은 계속 그를 죽이려 했고 그 때문에 다윗은 도망자 신세가 되어 불안한 세월을 보내야 했습니다. 사울이 죽은 후에도 사울의 아들 이스보셋이 왕이 되면서, 다윗은 유다 지파를 중심으로 한 헤브론이라는 조그마한 지역의 왕이 되었을 뿐이었습니다. 그리고 두 집안의 갈등이 계속 이어집니다.

이후 전 이스라엘의 왕이 되지만 시련은 계속됩니다. 이스라엘 장수 우리아의 아내 밧세바를 범한 일로 나단 선지자에게 큰 책망을 듣고는 바로 하나님 앞에 회개한 일도 있었습니다. 하나님의 성전을 건축할 마음을 가졌지만 하나님이 허락하지 않으셔서 마음을 접게 되는데, 그때 선지자로부터 너와 네 자손을 지켜주시겠다는 약속의 말씀을 듣습니다. 하지만 그 이후 자신의 업적을 과시할 목적으로 시행한 인구조사 때문에 온 나라에 온역(溫疫)이 임하여 수많은 백성을 죽게 만들기도 했습니다.

통치 말년에는 가정 안에 충격적인 사건이 이어집니다. 첫째 아들 암논이 셋째 아들 압살롬의 누이 다말을 범하고, 압살롬은 그런 암논을 살해합니다. 그리고 압살롬의 반역으로 다윗은 예루살렘에서 도망쳐야 했습니다. 그 피난길은 요단강을 넘어 광야 사막까지 가는 험난한 길이었습니다. 이어서 넷째 아들 아도니야의 반역까지 이어집니다.

이런 숱한 고난을 겪은 다윗에 대해, 바울은 안디옥에서 다윗은 하나님의 마음에 맞는 사람이자 하나님의 뜻을 이룰 인물이었다고 설교합니다(행 13:22). 다윗의 삶이 결코 완벽하다 할 수는 없지만, 하나님의 마음을 헤아리고 그 뜻에 순종하고자 했던 모습을, 하나님이 귀하게 보고 내리신 평가를 바울이 그렇게 설명한 것이지요.

죽음을 앞둔 다윗의 소원

그러한 다윗이 이제 죽음을 앞두고 있습니다. 7년은 헤브론에서, 그리고 33년 동안 예루살렘에서 왕으로 지낸 다윗이 이제

〈솔로몬과 다윗 왕〉 제라르드 래레스, 1690년

70세가 되어 하나님의 부르심을 받습니다. 다윗은 자신이 곧
죽을 것을 알고는 죽음을 맞이할 준비를 합니다. 그 핵심은 아
들 솔로몬을 불러 유언을 남기는 것이었습니다.

> [10]다윗은 죽어서, 그의 조상과 함께 '다윗 성'에 안장되었다. [11]다윗
> 왕이 이스라엘을 다스린 기간은 마흔 해이다. 헤브론에서 일곱 해
> 를 다스리고, 예루살렘에서 서른세 해를 다스렸다. [12]솔로몬은 그의
> 아버지 다윗이 앉았던 자리에 앉아서, 그 왕국을 아주 튼튼하게 세
> 웠다. _열왕기상 2:10-12

삶의 지침, 유언과 권면을 남기는 것은 앞선 세대가 후대에 줄 수 있는 가장 귀한 선물일 텐데, 다윗은 지금 그런 시간을 가집니다. 그 내용은 솔로몬을 격려하며 축복하는 말과 함께 하나님의 말씀대로 살 것에 대한 당부입니다. 제대로 된 왕의 역할을 감당하고 대를 이어 후손이 왕이 되려면, 하나님의 말씀대로 살아야 한다는 내용이었지요. 형통한 삶의 비결과 왕으로서의 처신 역시 다른 데 있는 것이 아니라, 하나님의 명령을 따르고 지키는 데 있음을 마지막 유언으로 남깁니다.

그리고 이어서 아직 마치지 못한 일들, 미결로 남겨둔 일들을 처리해줄 것을 부탁합니다. 그중에는 신중하게 주의해서 대해야 할 사람들, 고맙고 감사한 사람들에 대한 목록과 내용이 있습니다. 아버지로서 아들에게 줄 수 있는 마지막 조언이자 왕으로서 나라를 통치함에 있어서 주의해야 할 일의 구체적인 사항을 알려줍니다.

[1]다윗은 세상을 떠날 날이 가까워서, 아들 솔로몬에게 유언을 하였다. [2]"나는 이제 세상 모든 사람이 가는 길로 간다. 너는 굳세고 장부다워야 한다. [3]그리고 너는 주 너의 하나님의 명령을 지키고, 모세의 율법에 기록된 대로, 주님께서 지시하시는 길을 걷고, 주님의 법률과 계명, 주님의 율례와 증거의 말씀을 지켜라. 그리하면, 네가 무엇

을 하든지, 어디를 가든지, 모든 일이 형통할 것이다. [4]또한 주님께서 전에 나에게 '네 자손이 내 앞에서 마음과 정성을 다 기울여서, 제 길을 성실하게 걸으면, 이스라엘의 임금 자리에 오를 사람이 너에게서 끊어지지 않을 것이다' 하고 약속하신 말씀을 이루실 것이다.

_열왕기상 2:1-4

다음 세대로 이어가야 할 유산

유명한 가문들을 보면 각 가문 대대로 내려오는 좋은 전통과 귀한 가르침이 있습니다. 조선시대 300년, 12대에 걸쳐 경주에서 소문난 최 부잣집은 이런 가훈을 가지고 있었다고 합니다.

1. 과거를 보되 진사 이상의 벼슬을 하지 말라.
2. 재물을 모으되 만석 이상의 재산을 모으지 말라.
3. 찾아오는 과객은 귀천을 구분하지 말고 후하게 대접하라.
4. 흉년에 땅을 사지 말라.
5. 시집 온 며느리는 3년 동안 무명옷을 입어라.
6. 사방 백 리 안에 굶어죽는 사람이 없게 하라.

이런 가르침과 가훈이 자녀를 통해 후대에 이어지고 지켜지

<다윗 왕을 책망하는 나단 선지자> 유진 시베르트, 19세기

는 가운데 많은 사람들이 존경하는 가문으로 세워졌습니다. 그 가문에 태어난 특별함 때문이 아니라 즉 혈연적 특징 때문이 아니라, 그 가문에서 지켜지고 보존된 가치가 후손을 통해 이어지는 가운데 고귀한 삶으로 주변의 존경을 받게 된 것이지요.

그 내용을 살펴보면 이유와 목적 없이 무조건 돈을 많이 버는 방법에 대한 것이 아니었습니다. 어디에 투자해야 이윤을 많이 남기고, 무엇이 앞으로 전망이 좋은지 등 가문 대대로 내려오는 경영비법 같은 것도 아니었습니다. 그것은 삶의 인격에 대한 것이었고 이웃과의 관계에 대한 것이었습니다. 인간으로서 기본적으로 지녀야 할 태도에 대한 것이었습니다.

신앙도 마찬가지입니다. 신앙의 연배가 어떻게 되고 선조들 중에 어떤 위대한 신앙인이 있었냐보다 더 중요한 것은, 이 가정에 하나님의 말씀과 가르침이 실재하느냐 여부입니다. 사람들은 부모가 누구인지, 소유와 재산이 얼마나 되는지, 그가 어디 출신인지 등 외적인 데 관심을 둘지 모릅니다. 그러다보니 사람들마다 그런 것을 갖추는 데 자기 자신을 맞추는 인생을 살아가고 있습니다. 다른 사람의 평가와 시선이 삶의 기준이 되어버린 것이지요.

하지만 그런 것들은 언제든지 달라집니다. 변하는 기준을 맞추는 삶이란 고단한 삶이자 진정한 행복과는 거리가 먼 삶이지요. 매순간 다른 사람과 비교하며 그들의 눈치를 보며 산다면 긴장의 연속일 것입니다. 스스로에 대한 만족도, 또 미래에 대한 전망도 품기 어렵습니다.

신앙인으로 모든 것에 앞서 스스로 물어야 할 것은 하나님의 가르침과 말씀을 따라 사느냐 여부입니다. 예수님이 전하신 복음의 말씀에 순종하여 복음적인 삶을 사느냐 하는 것이 중요합니다. 성령께 나 자신을 내어드리고 이끄심을 따라 순종하며 사느냐가 중요합니다. 그리고 그것을 후(後) 세대에 당부하고 남기는 것이야말로 그 가정이 복된 삶을 일구는 가장 현명하고 지혜로운 마지막 실천입니다. '신앙'이야말로 하나님의 가족이 되었다는 가장 중요한 증거인 동시에 우리가 세대를 이어 전해야 할 삶의 유산입니다.

하나님의 사람, 다윗의 당부

영국의 위대한 작가 찰스 디킨스(Charles Dickens)는 『크리스마스 캐럴』 『두 도시의 이야기』 『위대한 유산』 등 명작을 많이 남겼습니다. 그의 작품들은 많은 사람에게 깊은 감명을 주고 웃음을 자아내게 했습니다.

그리스도인으로 그는 자녀들에게 그리스도에 대해 쉽게 설명하기 위해 『예수 그리스도의 생애』라는 책도 썼습니다. 그가 임종을 앞두었을 때, 〈런던 타임스〉와 했던 인터뷰입니다. 그것은 모든 신앙인에게 주는 유언으로서 마지막 말이기도 합니다.

"나는 나의 영혼을 하나님께 맡깁니다. 그리고 나는 사랑하는 나의 아이들이 신약의 가르침을 받아 겸손히 우리 구세주 예수 그리스도를 따를 것을 원하고 당부합니다."

〈기도하는 다윗 왕〉 피에테르 그레베르, 1635-1640년

〈하프를 연주하는 다윗 왕〉 페테르 루벤스, 1640년

노년의 가장 큰 강점은 오랜 인생 경험에서 얻은 '지혜'입니다. 인생의 먼 길을 지나온 덕분에 젊은이들이 가야 할 길에 대한 지혜를 들려줄 수 있습니다. 이미 경험했기에 해줄 말이 있습니다. 그리고 그것은 좀 더 높은 곳에서, 보다 멀리 더 넓게 보고 하는 이야기입니다. 이것이 노년의 삶의 힘이고 그리고 신앙인의 마지막 말입니다.

마지막 순간에 무슨 말을 남기고 무엇을 당부하겠습니까? 하고 싶은 수많은 말들 중에서 단 하나를 선택한다면 무엇이 될까요? 하나님의 말씀을 소중히 여기고 믿는 가운데 세대와 세대가 이어지도록 마지막 시간을 채우고, 신앙의 이야기를 남기는 것이야말로 가장 아름다운 마무리의 비결입니다.

해피엔딩을 위한 메모

• • •

나의 '마지막 유언'

지금 당장 보여줄 것은 아니지만 가족에게 남기고 싶은 말, 꼭 하고 싶은 말을 적어봅시다. 유언으로 남기고 싶은 말을 적어봅니다. 거창하거나 멋진 말들이 아니어도 괜찮습니다. 소소하지만 평소 내가 소중히 여기는 생각과 마음을 적으면 됩니다. 여러 번 고쳐 써도 괜찮으니 편안한 마음으로 생각날 때마다 하나씩 적어봅시다.

1.

2.

3.

4.

5.

6.

7.

8.

9.

10.

11.

12.

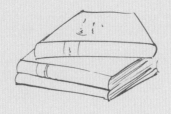

5

솔로몬,
죽음을 기억할 때 선명해지는 삶

나는 어떻게 기억될까

• • •

나의 '부고'(訃告)에 "그는 좋은 인품의 소유자였고, 주변 사람과 세상에 좋은 영향력을 끼친 사람이었다"라고 쓰인다면 참 좋겠습니다.

나의 부고 상상해보기

거창한 부고나 뉴스 등을 통한 공식적인 기사까지는 아니더라도, 누군가에게 나에 대한 기억이 따뜻하고 좋은 것이라면 그래도 잘 살았다는 생각에 기쁠 겁니다.

부고(訃告)는 한 사람에 대해 알리는 마지막 소식입니다. 그래서 주로 그 개인의 삶에 초점을 맞춥니다. 하지만 그것을 기록하는 것은 대부분 본인이 아닌 가족 또는 가까운 사람이나 그와 관계된 공동체이므로 보다 다양한 내용이 언급되기도 합니다. 특히 유명인의 죽음이 그렇습니다. 그가 어떤 삶을 살았는지 여러 매체를 통해 조명됩니다. 그런 경우 주로 다루어지는 것은 그가 이룬 업적 또는 활발하게 활동하던 모습입니다.

〈노년의 솔로몬 왕〉 귀스타브 도레, 1866년

　반면 간혹 안타까울 때도 있습니다. 좋았던 시기와 달리 삶에 아쉬움과 부족함이 많이 남는 경우입니다. 또 이전의 업적이 다시 평가되는 경우이지요. 사람들이 '우와!' 하던 일들의 이면이 밝혀지면서 오히려 비난을 받게 되는 경우가 그렇습니다.

　죽음을 앞두고 누구나 지난 삶에 대한 평가를 받습니다. 이때 스스로의 평가도 중요하겠지만 주변 사람들의 평가가 주는 무게감이 만만치 않습니다. 그의 삶이 남은 이들에게 도전을 주는 삶이었고 좋은 삶의 지표를 보여주는 삶이었다는 평가를 들을 수 있다면 정말 멋진 일이겠지요. 그를 알고 지낸 것에 고마운 마음이 든다고 말하는 이들이 많다면 그야말로 행복한 삶을 살았노라고 말할 수 있을 겁니다.

　생사학의 선구자 엘리자베스 퀴블러 로스(Elisabeth Kubler-Ross)는『인생수업』(Life Lesson)에서 이런 말을 합니다.

　죽음을 앞둔 사람들이 가르쳐주는 가장 놀라운 배움 중 하나는 삶은 불치병을 진단 받는 순간에 끝나지 않는다는 것입니다. 바로 그때 진정한 삶이 시작됩니다. 당신은 죽음의 실체를 인정하는 순간, 삶이라는 실체도 인정해야만 하기 때문입니다. 죽음을 앞둔 사람들이 우리에게 가르쳐주는 가장 중요한 교훈은 모든 날들을 최대한으로 살라는 것입니다.

　퀴블러 로스의 이 말은 죽음의 때를 생각한다면 오늘의 삶에 대해 신중해질 수밖에 없다는 이야기입니다. 누군가의 장례식장에 가면 자연스레 그의 생애에 대해서 되돌아보게 되는데, 그렇기 때문이라도 죽음을 생각할 때 어떻게 살아야 할지가 더욱 선명해집니다. 나의 부고를 듣고 그 자리에 올 그 누군가도 나와 내가 지나온 나날에 대해 생각하게 될 테니까요. 그 자리에 오는 이들이 나의 죽음 앞에서 무엇을 떠올리게 될까요? 나에 대한 부고, 나의 죽음을 알리는 안내문이 어떻게 쓰이길 원하나요?

여기 한 사람의 죽음을 알리는 부고가 있습니다. 역사적으로 아주 유명한 인물의 죽음에 대한 기록이지만, 그 유명세에 비하면 참 단순하고 왠지 아쉬움이 남는 기록입니다.

너무도 아쉬운, 생의 마지막

^{41}솔로몬의 나머지 행적과 그가 한 모든 일과 그의 지혜는 모두 '솔로몬 왕의 실록'에 기록되어 있다. ^{42}솔로몬은 예루살렘에서 사십 년 동안 온 이스라엘을 다스렸다. ^{43}솔로몬은 죽어서, 그의 아버지 다윗의 성에 묻혔다. 그의 아들 르호보암이 그의 뒤를 이어, 왕이 되었다.

_열왕기상 11:41–43

이 구절은 솔로몬의 죽음에 대한 기록입니다. 그의 화려했던 삶을 생각할 때, 그의 죽음에 대한 기록으로는 아쉬움이 많이 남습니다. 이렇게 할 말이 없을까 싶은 생각까지 듭니다. 그 이유를 살펴보면, 우리는 그가 영예로웠던 이전과는 달리 삶의 마무리를 제대로 하지 못한 모습을 발견할 수 있습니다.

구약성경에서 이스라엘을 대표하는 왕으로 몇 손가락 안에 꼽히는 인물이 바로 솔로몬입니다. 솔로몬에 대한 이미지는 지혜의 왕, 부귀와 영화를 모두 누린 왕으로 먼저 떠오릅니다. 실제 그가 누린 것은 어마어마합니다.

열왕기상 10장을 보면, 그가 세금으로 거두어들이는 금의 양이 666달란트였다고 합니다. 그 금으로 방패와 보좌, 그릇을 만들었습니다. 은을 돌같이 여길 정도였습니다. 외국에서 진귀한 물건이 들어왔습니다. 또 수많은 말들과 병거를 두었습니다. 솔로몬이 이런 영광을 누린 데에는 좋은 아버지를 만난 데 그 이유를 찾을 수 있습니다. 아버지 다윗이 이룬 업적을 솔로몬이 그대로 받아 누립니다.

또한 그는 주변 여러 나라들과 교류하며 지식을 얻었는데, 지혜로운 재판 이야기는 그의 지혜가 출중했음을 말해줍니다. 구약성경의 잠언과 전도서의 많은 부분이 그가 쓴 것으로 알려져

〈솔로몬의 재판〉 니콜라 푸생, 1649년경

〈솔로몬의 재판〉 페테르 루벤스, 1617년

있듯이 인생에 대한 그의 이해는 탁월했습니다. 한마디로 솔로몬의 소유와 지혜는 천하 그 어떤 왕보다도 거대했습니다.

하지만 죽음을 앞둔 시점에서 솔로몬은 이런 찬사와 영광과는 거리가 먼 사람이었다는 것입니다. 이제는 그의 삶에서 지혜로움, 다른 사람에 대한 공감과 배려는 찾아보기 힘듭니다. 그가 죽으면서 자녀들에게 남긴 유산은 여러 아내가 낳은 자녀들 사이의 정치적 갈등이었고, 고통스러운 삶을 살아가는 백성들의 한탄이었습니다. 그로 인해 초래된 결과는 이스라엘 나라의 분열이었습니다.

솔로몬이 처음의 모습을 끝까지 잘 이어갔으면 좋았으련만, 하나님에게 듣는 마음을 구하며 백성들을 잘 돌보고자 하는 마음은 자신의 성을 수많은 것으로 채우기 위해 백성을 괴롭히는 삶으로 변질되었습니다. 하나님을 경외함으로 하나님의 뜻에 따라 살고자 하는 마음도 군대와 병기를 의지하며 그 힘에 만족하는 삶이 되어버렸습니다.

시간을 놓친 솔로몬

솔로몬의 아들 르호보암이 그런 아버지의 삶에서 자신이 가야 할 길을 찾았다는 것은 더 큰 안타까움을 남깁니다. 그는 아버지보다 백성을 더 괴롭혀 자신의 왕국을 세우려고 했습니다. 아버지 솔로몬이 남긴 유산이 아들을 바른 길로 인도한 것이 아니라 오히려 해로운 결과를 낳고 말았습니다. 르호보암을 새로운 왕으로 세우기 위해 찾아온 여로보암과 이스라엘 백성의 요청, 즉 솔로몬이 부과한 무거운 짐과 멍에에서 벗어나게 해달라는 요청에 르호보암은 이런 끔찍한 말로 답합니다.

> [13]왕은 원로들의 충고는 무시하고, 백성에게 가혹한 말로 대답하였다. [14]그는 젊은이들의 충고대로 백성에게 말하였다. "내 아버지가 당신들에게 무거운 멍에를 메웠소. 그러나 나는 이제 그것보다 더 무거운 멍에를 당신들에게 메우겠소. 내 아버지는 당신들을 가죽 채찍으로 매질하였지만, 나는 당신들을 쇠 채찍으로 치겠소."
>
> _열왕기상 12:13-14

솔로몬의 변질된 삶의 영향이 아들 르호보암에게 이어졌습니다. 이스라엘 왕이라는 지위와 명예, 부귀가 있었음에도 자신의 삶을 제대로 마무리하지 못한 솔로몬은 부정적이고 나쁜 유산을 남기고 말았습니다. 죽음으로 좋은 삶이 무엇인지 보여줄 수 있는 기회를 놓치고 말았습니다.

좀 더 성경으로 들어가면, 하나님은 일찍이 이스라엘의 왕이

〈우상에게 제물을 바치는 솔로몬 왕〉 세바스티앙 부르동, 17세기

〈솔로몬의 꿈〉 호페르트 플링크, 1658년

될 사람이 주의해야 할 것에 대해 당부하신 말씀이 있습니다. 말을 많이 두지 말 것과 말을 얻으려고 백성을 애굽으로 보내지 말라는 내용입니다. 또한 아내를 많이 두지 말고 특히 이방 여인과 결혼하지 말 것을 말씀하셨습니다. 그리고 자기를 위하여 은금을 많이 쌓아두지 말라고 하셨습니다.

하지만 솔로몬이 이 모든 말씀을 다 어겼음을 확인할 수 있습니다. 열왕기상 10장 이하를 보면 솔로몬이 가진 말과 아내와 은금이 얼마나 많았는지 읽을 수 있습니다. 솔로몬의 병거가 1400대, 마병이 1만 2천 명으로 병거성에도 두고 예루살렘에도 두었는데, 말들을 애굽에서 구해오게 했습니다. 그 엄청난 규모를 짐작할 만합니다. 그리고 후궁이 700명에, 첩은 300명이었고, 사용하는 그릇 모두 다 금이었습니다.

이렇게 하나님에게서 마음이 떠난 솔로몬에게 하나님은 진노하셨습니다. 하지만 다윗을 기억하사 솔로몬에게 여러 번 나타나서서 그러지 말라 경고하셨지요. 그럼에도 솔로몬은 듣지 않습니다. 하나님의 말씀과 명령을 귀 기울이지 않았고 그러니 당연히 지키지도 않았습니다. 그렇게 솔로몬은 삶의 마지막 시기를 맞게 됩니다. 그리고 찾아온 죽음의 순간, 그가 자녀와 세상에 남긴 것은 잘못된 삶의 흔적과 영향력이었습니다.

죽음을 기억할 때 선명해지는 삶

누구나 가야 할 길을 알지 못하고 인생을 살아가기에, 사람들은 먼저 가까운 사람에게서 삶의 자취를 살피게 됩니다. 도움을 받고 참고하기 위해서지요. 그리고 그 범위는 점점 넓어집니다. 어린 시절에는 부모에게 가장 큰 영향을 받습니다. 그러다 점점 커가며 더 많은 사람에게서 지혜를 얻습니다.

직접 만난 사람이 아니더라도, 책이나 강연 등을 통해 누군가의 자취를 살펴, 내가 가야 할 길을 정하는 데 참고합니다. 그렇게 세대와 세대가 이어지고 삶의 유산은 다음 세대로, 내가 죽은 이후에도 누군가에게 이어지는 것이지요.

중요한 것은 그것이 꼭 위대한 업적을 이루고 높은 지위를 획득해야만 가능한 게 아니라는 사실입니다. 그보다는 일상을 성실히 살며 주어진 삶의 현장을 정성껏 가꾸는 모습이면 충분합니다. 그런 삶의 태도 자체가 후대에 남길 만한 좋은 삶의 유산입니다.

아름다운 마무리를 위해 중요한 또 하나는, 삶의 좋은 지침을 남기는 것입니다. 삶의 유산을 남기는 것, 그래서 앞서 산 사람으로 다음 세대에게 가야 할 방향을 제시하는 지침을 남기는 것이야말로 죽음에 앞서 생각해야 할 과제입니다.

그리고 천국에서의 영원한 삶을 소망하며 죽음을 인식하는 삶이야말로 인생의 큰 그림을 보며 우리의 시선을 더 높은 곳에

두는 지혜로운 삶입니다.

그렇게 우리의 죽음이 누군가 단 한 사람에게라도 신앙 안에서 온 힘을 다해 살아가라는 메시지를 전할 때, 그런 삶의 흔적이 남을 때, 진정으로 잘 살았노라고 삶을 잘 마쳤노라고 이야기할 수 있겠습니다.

해피엔딩을 위한 메모

• • •

내가 생각하는 '품위 있는 죽음'

'존엄한 죽음', '품위 있는 죽음'에 대한 관심이 높아지고 있습니다. 나의 죽음의 현장과 순간은 가족뿐 아니라 함께하는 이들 모두에게 오래 기억에 남습니다. 그렇기에 더욱 신경 쓰이는 부분이지요. 내가 생각하는 품위 있는 죽음의 모습은 어떤 것인지 적어봅시다. 그리고 그렇게 생각하게 된 이유에 대해서 함께 나눠봅시다.

1.

2.

3.

4.

5.

6.

6

욥,
죽음 속에 감춰진 은혜

다가오는 죽음 맞이하기

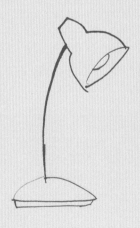

죽음이 가까이 올 때 두려움과 불안으로 시간을 보내지 않으려면, 죽음이 또 다른 선물임을 알고 받아들여야 합니다. 인간의 삶은 수많은 수고와 슬픔으로 가득 차 있는데, 하나님의 부르심으로 찾아온 죽음은 그 모든 고난의 마침을 의미하기 때문입니다.

하나님이 천국으로 부르시는 그때

성경인물 중 고난의 대명사로 불리는 욥의 마지막이 그것을 우리에게 말해줍니다. 상상할 수 없는 고난 이후, 욥은 삶의 회복을 경험합니다. 그런데 욥의 삶은 그것으로 끝나지 않습니다. 이후 140년의 삶을 더 영위합니다.

> [16]그 뒤에 욥은 백사십 년을 살면서, 그의 아들과 손자 사 대를 보았다. [17]욥은 이렇게 오래 살다가 세상을 떠났다.
>
> _욥기 42:16-17

〈부유함을 회복한 욥〉 라우렌 이르, 1648년

이 140년에 대한 자세한 기록은 없지만, 그 시간 속에서도 수많은 고난과 어려움을 지나왔음을 충분히 짐작할 수 있습니다. 그리고 이제 욥은 나이가 차 죽음을 맞이합니다. 이제야 진정으로 모든 고난이 끝에 다다릅니다. 이처럼 '죽음'이라는 것은 이제 더 이상 고난이 없음을 뜻합니다.

일반적으로 죽음을 완전한 소멸과 절대적인 단절로 이해합니다. 그러니 가장 큰 두려움의 대상이지요. 하지만 죽음이 있기에 삶의 가치는 온전히 드러나며 동시에 그 죽음은 삶의 종결을 명시합니다. 인간으로 감당해야 할 짐과 무게를 내려놓을 수 있는 마침의 의미인 것이지요. 이렇게 삶과 더불어 죽음에 대한 이해의 폭을 넓혀야 합니다. 그럴 때 죽음은 이전과는 전혀 다른 새로운 의미로 우리에게 다가옵니다.

2011월 1월부터 2012년 6월까지 전국 10개 복지관에서 60세 이상 노인 203명을 대상으로 진행한 '노인죽음교육의 효과 분석: 생활만족도 및 심리적 안녕감에 미치는 영향과 죽음불안의 매개역할'에서 연구자 김성희와 송양민은 죽음 준비교육에 참여한 집단과 그렇지 않은 집단 사이의 유의미한 차이를 연구했습니다.

조사 결과에 따르면 죽음 준비교육에 참여한 집단은 '죽음 불안'에 대해서 그렇지 않은 집단에 비해 낮게 나타났습니다. 반면 '생활만족도'와 '심리적 안정감'은 죽음 준비교육에 참여한 집단이 더 높게 나타났습니다.

죽음을 공부하고 알아가는 과정은 죽음에 대한 부정적인 인식을 개선하여 막연하고 근거 없는 걱정을 덜어냅니다. 그 안정감은 남은 삶에 대한 의지를 새롭게 하고요. 그 과정에서 지난 삶을 돌아보며 그 의미를 재정립할 수 있습니다. 또한 죽음과 관련된 실제적인 준비로 관련된 정보를 알아보는 것은 죽음의 의미를 구체화할 수 있는 기회가 됩니다. 이를 통해 자신뿐 아니라, 남겨질 가족이 겪을 혼란을 줄일 수 있습니다.

고통 중에 드러나는 인간의 본 모습

욥이 겪어야 했던 고난은 상상조차 하기 어렵습니다. 무엇보다 괴로운 것은 그런 고난을 당해야 했던 이유조차 알 수 없었다는 데 있습니다. 어느 날 갑자기, 전혀 상상하지도 예상하지도 못했던 납득하기 어려운 일들에 맞닥뜨립니다.

하루아침에 모든 가축과 식솔을 잃습니다. 누군지도 모를, 어디서 왔는지도 모를 약탈자와 천재지변에 의해 다 죽어버립니다. 모두 잃어버립니다. 더구나 큰 바람으로 건물이 무너져 그

〈욥과 친구들〉 일리아 레핀, 1869년

건물 안에 있던 자녀들이 단번에 다 죽습니다. 몰살입니다. 이 비보를 들은 욥은 말할 수 없이 괴로워합니다.

곧이어 고난이 욥의 몸을 급습합니다. 이전까지는 밖에서 안으로 찾아온 고통이었다면, 이제는 자기 안에서 자신을 무참히 부수는 고통입니다. 발바닥부터 정수리까지 종기가 생겨나 그를 괴롭혔습니다. 욥은 종일 잿더미에 앉아 질그릇 조각을 가져다가 온몸을 긁었습니다. 그가 겪는 고통의 무게가 갑절이 된 것입니다.

그런데 위로하러 온 세 친구가 한다는 말은 그 고통의 무게를 더욱 무겁게 만듭니다. 친구들은 모든 고난은 죄로 인한 것이며 욥의 자녀들의 죽음도 그 결과라고 합니다. 세상에 이유 없는 일이 어디 있느냐고 분명히 말합니다. 드러나지 않은 자녀의 죄와 너의 죄로 인해서 이런 일이 벌어진 것이니 철저히 회개하고 하나님께 용서를 구하라고 조언합니다.

그러다 어느 순간, 욥은 도저히 감당할 수 없는 무서운 말에 결국 소리칩니다. 친구들과 무수한 논쟁을 벌이며 자신을 변호합니다. 하지만 이 다툼은 좀처럼 끝날 줄 모릅니다. 시간이 흐르면 흐를수록 고통의 무게는 점점 더 커져만 갑니다. 이 고통이 언제 끝날지 몰라 더욱 두렵고 답답합니다. 하나님께 아무런 답을 들을 수 없으니 더욱 더 나락으로 곤두박질칩니다. 이 고통이 언제 끝날지 알 수 없습니다.

인간은 한계를 지닌 존재입니다. 어느 누구도 완전하지 않고 완벽하지 않습니다. 그러나 우리는 그것을 자주 잊고 삽니다. 그러다 고난의 순간, 고통과 어려움의 순간에 잊고 있던 이 중요한 진리를 다시 깨닫습니다. 인간이 얼마나 연약한 존재인지, 얼마나 어리석은 존재이며 부족한 존재인지를 말입니다. 오늘 본문의 주인공 욥도 고난 중에 그것을 결국 깨닫습니다.

잘 알지도 못하면서, 감히 주님의 뜻을 흐려 놓으려 한 자가 바로 저입니다. 깨닫지도 못하면서, 함부로 말을 하였습니다. 제가 알기에는, 너무나 신기한 일들이었습니다.

_욥기 42:3

그리고 고난 속에서 하나님을 향한 그의 고백은 선명해지고 한 단계 더 깊어집니다. 인간 본연에 대한 발견을 넘어 이와 같은 고백으로 이어집니다.

주님이 어떤 분이시라는 것을, 지금까지는 제가 귀로만 들었습니다. 그러나 이제는 제가 제 눈으로 주님을 뵙습니다.

_욥기 42:5

인간의 한계 상황에서 인간의 한계를 넘어서는 분을 발견합니다. 인간을 창조하시고 모든 것을 주관하시는 하나님을 깊이 숙고합니다. 전적으로 그분께 의존해야 함을 다시금 상기하고 나 자신을 맡깁니다.

그리고 이제 욥은 하나님과의 만남을 통해 깊은 위로를 경험합니다. 그의 불평까지도 그대로 받아주신 하나님, 그가 당하는 고난보다 더 크신 하나님을 만나는 순간, 어느덧 고난의 터널 끝에 와 있음을 알게 됩니다. 그리고 그의 삶이 회복되는 경험을 합니다. 그의 소유와 자녀들은 이전보다 더 늘었고, 또 떠났던 형제자매들도 돌아옵니다.

죽음 속에 감추어진 은혜

사실 욥기를 읽다보면 욥기가 여기서 끝났으면 어땠을까 생각하곤 했습니다. 하지만 욥기는 이 멋진 결말에서 바로 끝나지 않고 짧은 구절이지만, 그 이후에도 그의 삶이 140년 더 이어졌음을, 지금까지 지내온 날들보다 더 긴 세월을 살았음을 밝히고 있습니다.

분명히 그 기간은 앞서 경험했던 삶의 반복이었습니다. 앞서의 고난과 회복 이후, 140년이라는 그의 삶에 행복만 있지는 않았겠지요. 140년의 시간이 지난 후 그가 죽음을 맞을 때, 그때서야 그의 고난은 마침표를 찍습니다. '죽음'이란 인간의 삶에 필연적으로 함께하는 고난과 고통이 끝난다는 의미임을 욥의 삶에서 읽게 됩니다.

어느 누구도 고난 없이 사는 사람은 없습니다. 고난의 종류와 유형만큼 창의적인 것도 없다 싶을 정도로 고난과 고통은 우리

〈욥의 고통〉 실베스트로 키에사, 17세기

주변에 널려 있습니다. 상상해본 적 없는 일들이 벌어집니다. 많은 고난이 이유 없이 우리를 찾아옵니다. 납득할 수 없는 고난이 우리를 분노하게 하고 깊은 절망으로 몰아넣습니다.

그렇기에 삶의 고난과 고통이라는 것은 다 헤아리기 어렵습니다. 고난을 철학적으로 설명한다면 의미적으로는 이해할 수 있을지 모르지만, 각각의 고통은 수도 없이 많은 개별적인 사건이기에 실제적으로 이해할 수 없습니다. 그 누구도 다른 사람의 고통을 제대로 이해하기 참 어렵습니다. 그저 나의 고통의 경험에 견주어 헤아릴 뿐입니다. 무엇보다 다른 이의 고통은 내게서 금세 잊어집니다. 그러나 그 고난의 당사자에게는 삶에 지워지지 않는 흔적을 남깁니다.

또 다른 시작을 위한 아름다운 마무리

2018년 2월 21일, 전 세계를 다니며 복음을 전한 전도자 빌리 그레이엄(Billy Graham) 목사가 미국 노스캐롤라이나 주 몬트리트의 자택에서 99세에 하나님의 부르심을 받았습니다. 그가 손자 윌 그레이엄에게 자주 하던 말은 언젠가 내가 죽었다는 소식을 듣게 될 텐데, 하지만 그날은 내가 다시 살아난 날이며 동시에 천국으로 이사한 날임을 기억하라는 것이었다고 합니다.

평생 하나님의 사람으로 복음 증거에 온 정성을 다했던 빌리 그레이엄 목사는 그리스도인에게 소망의 근거는 천국에서 시작되고 천국에 이르러 마치게 됨을 자신의 삶을 통해 증거했습니다. 비록 여러 질병으로 오랜 기간 고통을 겪었지만 죽음으로 그 고통이 끝날 것을 알고 있었습니다. 그리고 죽음 이후 천국이 있음을 알았기에 이 땅에서의 고난과 고통 중에도 믿음을 잃지 않고 하나님을 신뢰함으로 살아갈 수 있었습니다.

[3] 그 때에 나는 보좌에서 큰 음성이 울려 나오는 것을 들었습니다.

〈회오리바람에서 욥에게 말씀하시는 하나님〉 윌리엄 브레이크, 1805년

〈회오리바람에서 말씀하시는 하나님께 자신의 주제넘음을 고백하는 욥〉
윌리엄 브레이크, 1803-1805년

"보아라, 하나님의 집이 사람들 가운데 있다. 하나님이 그들과 함께 계실 것이요, 그들은 하나님의 백성이 될 것이다. 하나님이 친히 그들과 함께 계시고, ⁴그들의 눈에서 모든 눈물을 닦아 주실 것이니, 다시는 죽음이 없고, 슬픔도 울부짖음도 고통도 없을 것이다. 이전 것들이 다 사라져 버렸기 때문이다."

_요한계시록 21:3-4

이 말씀은 죽음 이후 이르게 될 하나님이 허락하신 천국의 삶을 보여줍니다. 천국의 삶에서 가장 중요한 사실은 그 삶이 온전히 하나님과 함께하는 삶이라는 것입니다. 하나님께서 친히 우리와 함께하십니다. 그리고 하나님이 함께하시는 그곳에 참된 위로와 평강이 있습니다. 이렇게 우리가 가야 할 하늘나라는 진정 하나님과 온전히 하나되는 곳입니다. 그런 본향을 우리에게 허락하셨습니다.

하나님이 함께하시는 그 집, 그 나라를 기대하며 살아가는 것, 여기에 삶의 진정한 의미와 행복이 있습니다. 저 천국을 향한 진정한 기다림 속에 이 세상에서 성숙한 하나님의 사람으로 살아갑니다. 우리의 본향, 천국, 하늘나라를 소망하며 사는 사람, 그 사람에게 진정한 삶의 행복과 참된 기쁨이 있습니다.

인생에서 감당해야 하는 많은 고난에서 진정으로 자유하게 되는 순간은 바로 하나님이 부르시는 그 순간입니다. 그래서 시편 90편 10절은 우리의 인생이 일반적으로는 70세, 건강하게 살면 80세도 살지만, 그 연수의 자랑이 헛되다고 말합니다. 왜냐하면 그 기간에는 수많은 수고와 슬픔이 있기 때문이지요.

그 이후에 모든 고난과 고통이 끝나고 하나님과의 충만한 교제에 이르는 순간이 있습니다. 그래서 죽음은 새로운 세계로 나가는 문으로 종종 표현됩니다. 무거운 짐을 내려놓고 삶을 마무리하는 삶의 종착점이라 말할 수 있습니다. 죽음은 하나님의 부르심 안에서 인생의 마지막 선물임을 욥을 통해 깨닫습니다.

해피엔딩을 위한 메모

• • •

사랑하는 이들에게 남기는 '마지막 편지'

나의 죽음 이후 가족을 비롯한 사랑하는 이들이 슬픔의 과정을 거쳐 회복하는 데까지 어느 정도 시간이 필요합니다. 그래서 주변 사람의 어설픈 위로보다는 기다림과 변함없는 신뢰가 중요합니다. 그것만이 상실의 고통 중에 있는 사람을 도울 수 있는 가장 큰 힘입니다.
그리고 또 하나, 사랑하는 사람에게 남기는 고인의 편지는 어떨까요. 마음이 담긴 편지야말로 가장 큰 격려이자 힘이 될 것입니다. 나와의 헤어짐을 슬퍼할 이들을 생각하며 편지를 써 봅시다.

1. 배우자에게

2. 자녀들에게

3. 친구, 친지들에게

7

아담의 계보,
죽음이 없다 하는 이들에게

좋은 죽음 준비하기

· · ·

오늘을 제대로 살며 한 평생의 삶을 잘 마무리하려면, 먼저 '내'가 죽을 존재인 것을 알아야 합니다. 한정된 시간에 대한 인식 앞에서 삶은 더욱 선명해집니다. 내가 무엇을 하며, 누구를 만나고, 어떻게 살아야 할지 바르게 알게 됩니다.

낳았고 낳았으며 죽었더라

사실 사람들은 마치 나에게는 죽음이 오지 않을 것처럼, 죽음이 나와 상관없는 것처럼 여기며 살아갑니다. 죽음을 생각하고 고려해야 한다는 것 자체가 불편하고 싫거든요. 그런데 그런 경우, 생의 마지막 시기에 어떻게 해야 할지 모를 불안 그리고 관계의 단절과 이후의 세상에 대한 두려움이 한꺼번에 몰려옵니다. 갑자기 몰려와 큰 혼란을 낳습니다.

죽음은 어느 누구에게나 찾아옵니다. 인간은 죽기 마련이고 또 무너지며 소멸하기 마련인 것을 잊지 말아야 합니다. 그럴 때, 오늘의 삶을 다르게 살 수 있습니다. 이렇게 죽을 존재임을

〈솔슨스톨 가족의 초상〉 다비드 그란즈, 1636년경

깨닫는 것이야말로 아름다운 삶과 멋진 삶의 마무리를 위한 첫 출발점입니다.

구약성경 창세기 5장은 다른 성경과 비교하면 참 독특한 내용을 기록합니다. '계보'(系譜)라는 단어가 등장하는데(개역개정 기준), 다른 곳에서는 '족보'(族譜), '내력'(來歷), '역사'(歷史)로도 표현됩니다. '족보'란 한 족속의 계통과 혈통 관계를 밝혀 놓은 기록인데, 창세기 5장에는 아담 이후의 혈통 관계를 기록합니다. 구약성경에는 24개의 족보가 나오는데, 이 족보는 혈통보다는 신앙의 유산을 이어가는 데 초점을 두고 있습니다.

　이런 족보가 나열된 부분을 읽을 때면 대부분 읽기 지루해서 그냥 넘어갑니다. 그런데 찬찬히 살펴보면 몇 가지 중요한 내용을 발견할 수 있습니다. '낳았고' '낳았으며' '죽었더라'가 사람 이름과 함께 계속 반복됩니다. 한 인물과 관련해서 첫째 줄에는 누가 몇 살에 누구를 낳았는지, 또 그를 낳은 후 몇 년을 더 살며 자녀를 낳았는지 그리고 마지막에는 그래서 몇 살에 죽었는지를 기록합니다. 출생과 삶 그리고 죽음을 간략하게 기록합니다.

[1]아담의 역사는 이러하다. 하나님이 사람을 창조하실 때에, 하나님의 형상대로 사람을 만드셨다. [2]하나님은 그들을 남자와 여자로 창조하셨다. 그들을 창조하시던 날에, 하나님은 그들에게 복을 주시고, 그들의 이름을 '사람'이라고 하셨다. [3]아담은 백서른 살에 자기의 형상 곧 자기의 모습을 닮은 아이를 낳고, 이름을 셋이라고 하였다. [4]아담은 셋을 낳은 뒤에, 팔백 년을 살면서 아들딸을 낳았다. [5]아담은 모두 구백삼십 년을 살고 죽었다.

_창세기 5:1-5

총 32절이 되는 창세기 5장에서 '죽었다'는 표현이 8번 반복됩니다. 모든 사람의 이름 끝에는 동일하게 죽었다는 기록이 함께 있습니다. 너무나도 당연한 것이지요. 다들 출생 뒤에는 삶 그리고 죽음이 이어지니까요. 그런데 다른 책도 아닌 성경에서 이렇게 죽는다는 단어를 반복해서 보니 참 낯설게 느껴집니다. 꼭 기록했어야 했나 싶기도 하고요.

아담의 계보가 전하는 삶과 죽음

창세기 5장 본문이야말로 누구도 피할 수 없는 죽음, 언젠가는 맞이하게 될 죽음에 대해서 다시금 생각하게 합니다. 가장 오래 살았다는 므두셀라는 969세를 살았다고 하는데, 그토록 오래 산 그 역시 결국 죽음에 이르렀음을 밝힙니다. 그 누구도 죽음을 피할 수 없고, 나만은 그냥 지나가라며 거부할 수도 없습니다. 필연적인 죽음입니다. '죽음의 필연성'입니다.

또한 모두가 같은 연수를 살다가 죽은 것이 아닙니다. 다들 삶을 영위한 기간이 다릅니다. 누구도 언제 죽을지 알지 못하는 가운데 죽음을 맞이했습니다. 이처럼 착한 사람도 나쁜 사람도, 큰 업적을 이룬 사람도 그렇지 않은 사람도 언젠가는 죽음을 맞습니다. 인간이 얼마 살지 알지 못하는 죽음의 특성인 '예측불

〈모래시계〉 조르조네 카스텔프랑코, 15세기

가능성'을 볼 수 있습니다.

　그리고 이들이 어디서 어떻게 죽을지 모르는 '죽음의 편재성'
도 생각해봅니다. 자녀를 낳고 일정한 기간 삶을 살았습니다.
생명이 있었습니다. 여기에 등장하는 인물들이 어떻게 어디에
서 죽었는지는 알 수 없지만, 확실한 것은 그들은 다양한 삶의
자리에서 죽음을 맞이했다는 것입니다. 충분히 짐작할 수 있습
니다.

　이렇게 창세기 5장에 기록된 족보는 모든 인간이 죽을 수밖
에 없는 존재임을 반복해서 강조합니다. 그런데 그와 동시에 발
견되는 하나는 죽음으로 종결된 것이 아니라 또 다른 새로운 시

작이 열린다는 점입니다. 누군가의 죽음 이후 그가 낳은 또 다른 누군가에 의해 삶이 계속 이어집니다. 그렇게 삶의 끝에는 죽음이, 그리고 죽음 이후에 다시 새로운 삶이 이어지는 신비를 본문에서 발견하게 됩니다.

이제 그 계보는 온 인류를 구원한 구원의 역사로, 예수 그리스도께로 이어집니다. 신약성경 마태복음(1:1-17)에는 아브라함부터 시작해서 예수 그리스도까지, 누가복음(3:23-38)에는 예수 그리스도부터 아담까지의 족보가 나옵니다. 이스라엘과 온 인류를 하나님의 백성으로 부르시고 그의 아들 예수 그리스도를 보내 구원하게 하시는 하나님의 끝없는 사랑에 대한 기록이 바로 그 내용입니다.

이 땅에 펼쳐진 하나님의 구원 역사의 구체성과 역사성을 이렇게 밝힙니다. 그래서 이런 본문은 그냥 보면 지루해보이지만, 다른 시선에서 바라보면 우리에게 전 인생을 가로지르는 통찰을 제공합니다.

[1]아브라함과 다윗의 자손 예수 그리스도의 계보라 … [16]야곱은 마리아의 남편 요셉을 낳았으니 마리아에게서 그리스도라 칭하는 예수가 나시니라 [17]그런즉 모든 대 수가 아브라함부터 다윗까지 열네 대

〈성가족과 어린양〉 라파엘로 산치오, 1504년

요 다윗부터 바벨론으로 사로잡혀 갈 때까지 열네 대요 바벨론으로
사로잡혀 간 후부터 그리스도까지 열네 대더라

_마태복음 1:1, 16-17, 개역개정

23예수께서 가르치심을 시작하실 때에 삼십 세쯤 되시니라 사람들
이 아는 대로는 요셉의 아들이니 요셉의 위는 헬리요 … **38**그 위는
에노스요 그 위는 셋이요 그 위는 아담이요 그 위는 하나님이시니
라 _누가복음 3:23, 38, 개역개정

삶과 죽음의 현실

오늘날 '평균수명'이 참 많이 늘었습니다. 평균수명을 '기대수명'이라고도 하는데, 이것은 출생자가 출생 직후부터 생존할 것으로 기대되는 평균 생존 연수를 가리킵니다. 한국인의 1970년대 기대수명은 62.3세였는데, 현재는 82.7세가 되었으니 그 변화가 참 큽니다.

그런데 여기서 비교해서 생각할 것은 '건강수명'입니다. 건강수명은 평균수명에서 질병이나 부상 등으로 인해 활동하지 못한 기간을 뺀 수명을 말합니다. 최근 조사에서 한국인의 건강수명은 64.9세라고 합니다. 남자는 64.7세, 여자는 65.2세로 기대수명과는 약 17년 이상의 차이를 보입니다. 그만큼 신체적으로 어려움을 안고 사는 기간이 길어졌다고 보면 됩니다.

나이가 들면 나타나는 여러 신체 증상들이 있습니다. 노안이 생기고, 머리카락이 가늘어지고 빠집니다. 치아가 약해지고, 귀도 잘 들리지 않습니다. 뼈와 근육도 약해집니다. 그뿐 아니라 당뇨, 고혈압, 암, 자가 면역질환, 대사성 질환, 신경계 질환 등 '생활습관병'과 원인을 알 수 없는 '희귀 난치성 병' 등 질병이 늘어납니다.

〈바니타스-꽃다발과 해골이 있는 정물화〉 아드리안 위트레흐트, 1642년경

이러한 질병은 육체적 고통만 아니라 정신적·경제적 고통을 유발하는데, 평균수명의 증가가 건강하게 장수하다가 사망하는 건강수명이 아닌, 질병에 시달리며 연명하는 질병수명이 늘어남을 보여준다고 지적하는 이들도 있습니다.

죽음이 없다고 말하는 이들에게

분명히 오래 살 수 있다는 것은 이전에 누리지 못했던 감사한

〈실신한 환자〉 렘브란트, 1624년

일입니다. 옛날부터 모든 복의 첫 번째로 꼽는 것이 장수였으니까요. 평균수명을 늘린 의학 기술의 발달과 조기 검진의 확대, 보건과 복지의 증대는 이제 죽음을 충분히 극복할 일인 것처럼 여기게 만들었습니다. 은연중에 영원히 살 것처럼 생각하게 말이지요.

하지만 현실은 녹록하지 않습니다. 질병으로 고생하며 불편을 감수하면서 지내야 하는 시간은 한없이 길어졌습니다. 이제 죽음은 점점 비인격적으로 여겨지고 상품화되거나 또는 미화됩니다. 때로는 죽음과 죽음의 공포가 관리되고 통제되며 악용되기까지 합니다. 죽음을 진지하게 이야기하는 것은 어색한 일이 되었고 금기시해야 할 일이 되었습니다. 그런 이야기를 하는 사람은 무례한 사람으로, 어딘가 부족한 사람으로 여기게 된 것입니다.

그러나 죽음은 멀리하고 거부하거나 숨길 수 없습니다. 죽음만큼 현실적이며 사실적인 것도 없습니다. 그렇기에 죽음은 삶과 함께합니다. 이를 이 창세기 5장의 족보를 읽을 때마다 다시 떠올립니다. 모두가 죽음으로 간 그 길을 우리도 가게 될 테니까요.

죽음을 두려움과 공포의 대상으로만 여길 것이 아니라, 제대로 직시하는 것은 공동체의 결속과 가치 있는 삶을 지향하게 하는 원동력입니다. 죽음의 문제만큼 혼자서 극복하기 어려운 것도 없으니까요. 죽음이야말로 함께 이야기함으로써 두려움을 넘어서고, 함께 손을 잡아 위로함으로써 격려해야 합니다. 그럴 때 죽음은 새로운 선물로 다가오고 삶을 더욱 풍성하게 하는 아름다운 열매를 맺게 합니다.

죽음을 기억하고 살아가는 것, 그것은 인간의 본래 모습을 상기하는 것이며, 또한 인간이 누구인지 알게 하여 현재적 인간과 만나게 합니다. 여기에서 삶의 진정성이 새롭게 발견됩니다.

해피엔딩을 위한 메모

• • •

내가 소개하는 '우리 가족'

부모님, 형제자매, 자녀처럼 가족이나 친척 그리고 가까이 지내던 이웃은 모두 내 삶의 소중한 기억과 함께합니다. 그들과 함께했던 사진 한 장, 물건 하나에도 소중한 사연이 담겨 있지요. 이런 우리 가족을 소개해봅시다. 기억나는 사건, 고맙거나 미안했던 일 등 소중한 우리 가족과 기억에 남는 사람을 소개해봅시다.

1.

2.

3.

4.

5.

2부

신약의 인물에서 찾은

삶의 아름다운 마무리

1

예수 그리스도,
죽음 앞에서도 변함없는 사랑

주변 돌아보고 살피기

• • •

삶의 마지막을 아름답고 가치 있게 보내기 원한다면, 무엇보다 주변을 돌아보아야 합니다. 이 시간이 지나면 만나지 못할 테니 과거 불편했던 일들을 서로 풀면서 좋은 기억으로 바꾸어야겠지요. 기억은 오래도록 남기 때문입니다. 정성어린 격려와 지지로 용기를 불어넣어 주는 시간이 필요합니다. 그가 나에게 소중한 사람이라면 더더욱 그렇습니다.

예수님 생애의 마지막 나날

예수님이 십자가에 달리시기에 앞서 행하신 일들을 살펴보면, 인류를 죄에서 구원하기 위한 하나의 목적에 온전히 충성하셨음을 알 수 있습니다. 하나님의 사랑과 공의를 증거하기 위해 인간의 몸을 입고 이 땅에 오신 그 목적대로 죽기까지 제자들을 사랑하셨습니다. 그 모습을 요한복음 13장 1절에서 읽을 수 있습니다.

유월절 전에 예수께서는, 자기가 이 세상을 떠나서 아버지께로 가야 할 때가 된 것을 아시고, 세상에 있는 자기의 사람들을 사랑하시되, 끝까지 사랑하셨다.

_요한복음 13:1

요한복음은 총 21장 중에서 13장부터 21장까지 아홉 장에 걸쳐 유월절 전날에 있었던 일과 십자가 그리고 부활에 대한 내

〈제자들의 발을 씻기시는 그리스도〉 야코포 틴토레토, 1548-1549년경

용을 기록합니다. 예수님 생애의 마지막 며칠을 기록하는 데 많은 부분을 할애한 것입니다. 그 내용은 다름 아니라 제자들의 발을 씻기시고 함께 음식을 나누시며, 마지막으로 기억해야 할 말씀을 주시고 기도하신 일이었습니다. 죽음을 앞두고 하실 일이 얼마나 많았겠습니까? 그런데 그 처음을, 제자들을 끝까지 사랑하시는 것으로 시작하셨습니다.

예수님의 제자들은 전적으로 예수님의 부르심에 의해 제자가 되었습니다. 솔직히 그들에게는 제자로 선택받을 만한, 신뢰할 만한 그런 면모들이 별로 없었습니다. 그들은 성실하지도, 말에 따라 행동하지도, 삶의 열매가 있지도 않았습니다.

수제자로 꼽히는 베드로만 보아도 예수님을 '주'로, '그리스도'로, '하나님의 아들'로 고백할 때에는 모든 것을 다 아는 것 같았습니다. 그러나 예수님이 십자가의 고난에 대해 말씀하시자, 그 의미도 모르면서 극구 말립니다. 또 예수님이 제자들 중 하나가 자신을 팔아버릴 거라 말씀하시자, 자신은 결코 그렇지 않을 것이라며 큰소리를 칩니다. 하지만 막상 예수님이 잡혀가실 때 예수님을 세 번이나 부인합니다. 신뢰할 만한 구석이 없습니다.

다른 제자들도 마찬가지입니다. 그들의 말과 행동은 어린아이와 같았습니다. 믿음직스럽지 않았습니다. 예수님은 십자가의 죽음을 말씀하셨지만 그들은 서로 자리다툼이나 하고 있었습니다. 예수님을 정치적인 해방자로 이해했고 그래서 높은 권력을 차지하려는 의도를 노골적으로 드러내며 서로 다퉜습니다. 그중에는 예수님을 찾아와 한 자리를 부탁하는 부모도 있었습니다. 예수님을 이용해서 정치적인 이권을 얻어내려는 의도였습니다.

사실 그들이 한 일이라고는 그저 예수님을 따라다니는 것뿐이었습니다. 예수님이 그들에게 말씀을 주셨지요. 예수님을 따라다니면서 죽은 나사로를 살리는 것이나 광야에서 오천 명에게 먹을 것을 주시는 것, 눈 먼 자가 눈을 뜨고 앉은뱅이가 일어나는 것, 폭풍우 치던 갈릴리 호수가 고요해지는 것을 직접 목격했습니다. 듣기만 한 것이 아니라 직접 눈으로 보았습니다. 예수님과 함께 살았습니다. 그럼에도 그들은 예수님을 제대로 알지도 믿지도 못했습니다.

끝까지 사랑하신 예수님

그러한 제자들이었음에도, 예수님이 죽기 전에 하신 일은 그들을 끝까지 사랑하신 것입니다. 한순간도 포기하지 않으셨습니다. 믿고 신뢰하고 사랑하기를 멈추지 않으셨습니다. 그리고 그 사랑을 구체적인 행동으로 보여주셨습니다. 먼저 제자들의 발을 씻겨주십니다.

예수님은 유월절 전에 제자들과 저녁을 먹던 중, 갑자기 겉옷을 벗고 수건을 허리에 두르시고는 제자들의 발을 씻기셨습니다. 베드로는 절대 씻지 못하신다며 거절합니다. 그러자 예수님은 내가 너를 씻어주지 않으면 너와 내가 아무런 상관이 없다고

〈제자들의 발을 씻기시는 그리스도〉 파올로 베로네세, 1580년경

하시는데, 이에 베드로는 그 말에 발뿐만 아니라 손과 머리도 씻어 달라고 합니다. 왔다갔다 이랬다저랬다 변덕스러운 어린 아이의 모습이 그대로 나타납니다.

이스라엘은 사막지대인데다 샌들을 신고 다녀서 조금만 걸어도 먼지투성이가 되었습니다. 그래서 집안에 들어갈 때에는 먼저 발을 씻고 식사를 했습니다. 그때 종이 있으면 종이 주인의 발을 씻겨주었고, 그렇지 않은 경우에는 서로서로 씻겨준다고 합니다. 보통 이렇게 서로 씻겨주는 경우에는 먼저 씻겨주는 사람이 조금이라도 손아랫사람입니다.

아마도 제자들은 서로 누가 크냐고 다투느라 아무도 먼저 상대방의 발을 씻길 생각을 못했던 것 같습니다. 그러니 예수님의

<베드로의 발을 씻기시는 예수> 매덕스 브라운, 1857 - 1858년

발조차도 씻어주는 이 하나 없었습니다. 그런 모습을 본 예수님은 아마 걱정이 많으셨을 겁니다. 이제 곧 십자가를 지고 떠날 텐데, 이들을 두고 떠나는 그 마음이 어떠셨을까요? 이들을 통해 하나님의 새 역사를 이루어야 할 텐데, 이들의 모습을 보면 얼마나 답답하고 안타깝습니까? 그럼에도 예수님은 그들을 끝까지 사랑하셨고 그래서 직접 겉옷을 벗고 수건을 허리에 두르고 대야에 물을 떠서 제자들의 발을 씻기셨습니다. 그리고 두르신 수건으로 발을 닦아주셨습니다. 친히 사랑을 표현하셨고 변함없는 신뢰를 보여주셨습니다.

그리고 이어서 식탁을 함께하며 떡과 잔을 주시면서 나의 몸이고 나의 피라고 설명하셨습니다. 단지 무릎을 꿇고 허리를 굽

헌 것만 아니라, 자기 몸을 다 내어주셨습니다. 결코 흉내 내거나 따라할 수 없는 사랑을 보여주셨습니다.

예수님은 이참에 할 말이 많았을 겁니다. 그러나 아무런 말도 하지 않으셨지요. 행동만 있을 뿐입니다. 이후에는 알게 될 것을 확신하셨기에, 이후에 성령을 받으면 모두 깨달을 것을 아셨기에, 아무런 말없이 다만 행동으로 보이실 뿐이었습니다. 그렇게 끝까지 사랑하셨습니다.

그 안에 가룟 유다도 있었습니다. 예수님은 유다의 발을 씻어주셨습니다. 그가 행할 일을 다 아시면서도 끝까지 사랑하셨습니다. 전혀 알아듣지 못해도, 도무지 들으려 하지 않아도, 아무것도 이해하지 못해도, 그럼에도 끝까지 사랑하셨습니다.

그리고 이제 시간이 흘러 제자들은 변합니다. 성령의 충만함을 입고 거듭나 예수 그리스도의 충성된 일꾼으로 변모합니다. 온전한 삶을 살게 되는데, 심지어 그 사랑으로 죽기까지 헌신합니다. 자신의 전 존재를 다 드립니다. 십자가에 죽기까지 사랑하신 그 큰 사랑을 경험한 이들이 보여준 삶의 증거입니다.

가장 큰 후회는 더 사랑하지 못한 것

천 명의 죽음을 목도하고 함께한 호스피스 전문가 오츠 슈이치

〈제자들의 발을 씻기시는 그리스도〉 야코포 틴토레토, 1575-1580년경

는 저서 『죽을 때 후회하는 스물다섯 가지』로 대중에게 많이 알려져 있습니다. 이 책에서 죽음을 앞둔 이들이 지난 삶을 돌아보며 후회하는 것은 '진짜 하고 싶은 일을 했더라면' '꿈을 꾸고 그 꿈을 이루려고 노력했더라면' '가고 싶은 곳으로 여행을 떠났더라면' '맛있는 음식을 많이 맛보았더라면'과 같이 누구나 공감할 만한 것이었습니다.

그런데 그중에서도 첫 번째 후회로 꼽은 것은 바로 '사랑하는 사람에게 고맙다는 말을 많이 했더라면'이었습니다. 사랑의 마음을 더 전하지 못한 것, 사랑의 마음을 나누지 못한 것을 가장 아쉬워했습니다. 더 많은 돈을 벌지 못한 것, 더 많은 성취를 이루지 못한 것, 더 높은 명예를 얻고 놀라운 기술과 지식을 습득하지 못한 것이 아닌, 더 사랑하지 못한 것이 가장 후회된다고 응답했습니다.

그리고 이 책에서 후회하는 것으로 꼽은 것 중에는 자신의 죽음을 의식하고 준비하지 못한 것에 대한 아쉬움도 있습니다. '내 장례식을 미리 생각했더라면' '내가 살아온 증거를 남겨두었더라면' '삶과 죽음의 의미를 진지하게 생각했더라면' '건강할 때 마지막 의사를 밝혔더라면'과 같은 것들입니다.

"죽음의 인식에서 삶은 가치 있게 시작된다"는 생사학 보급에 기여한 알폰스 데켄 교수의 말처럼 자기 삶의 마지막을 알고 준비할 줄 알아야 합니다. 그리고 그 준비의 첫 번째는 끝까지 사랑하는 것입니다. 단 한 사람이라도 말이지요. 그것이 사랑하는 이들에게 정말 소중한 사랑의 마음을 남겨주는 것임을 잊지 말아야겠습니다.

죽음 앞에서도 변함없는 사랑

예수님의 삶은 죽음을 준비하는 삶이었습니다. 예수님의 삶은

〈감람원의 그리스도〉 귀스타브 모로, 1880년경

죽음과 하나되는 삶이었습니다. 그리고 그 죽음과 삶은 하나님의 사랑을 우리에게 드러내 보여줍니다. 예수님에게도 십자가에 못 박히는 죽음은 피하고 싶었던 큰 고난과 고통의 사건이었습니다. 혹 어떤 사람은 예수님에게 죽음은 아무것도 아니라고 생각할지 모릅니다. 하나님의 아들이니까요. 그러나 그렇지 않습니다.

인간의 몸을 입고 이 땅에 오신 예수님은 인간이 느끼는 다양한 감정을 그대로 다 느끼셨습니다. 슬픔과 아픔, 배고픔과 굶주림, 졸음과 고단함까지 모든 것을 다 겪고 아셨습니다. 죽음의 고통에 있어서도 마찬가지였습니다. 예수님은 태어나실 때부터 죽기 위한 계획과 목적을 갖고 계셨습니다. 예수님의 죽음은 온 인류의 죄를 사하고 구원하기 위한 대속적인 죽음이었습니다. 하나님의 영광을 위해 스스로 선택하는 죽음이었습니다. 또한 생명을 살리는 죽음이었습니다.

로마서 5장 5절 이하의 말씀은 하나님 사랑의 높이와 깊이와 넓이를 우리에게 그대로 보여줍니다. 예수님은 십자가에 죽기 전, 우리가 아직 연약하고 경건하지 못하며 죄인이지만 그럼에도 불구하고 사랑하셨다고, 끝까지 사랑하셨다고 말씀하십니다. 예수님은 그렇게 십자가의 죽음을 준비하셨습니다.

⁵소망이 우리를 부끄럽게 하지 아니함은 우리에게 주신 성령으로 말미암아 하나님의 사랑이 우리 마음에 부은 바 됨이니 ⁶우리가 아직 연약할 때에 기약대로 그리스도께서 경건하지 않은 자를 위하여 죽으셨도다 ⁷의인을 위하여 죽는 자가 쉽지 않고 선인을 위하여 용감히 죽는 자가 혹 있거니와 ⁸우리가 아직 죄인 되었을 때에 그리스도께서 우리를 위하여 죽으심으로 하나님께서 우리에 대한 자기의 사랑을 확증하셨느니라

_로마서 5:5-8, 개역개정

해피엔딩을 위한 메모

• • •

'삶의 감사' 목록

지난 일을 돌아볼 때 감사의 마음이 떠오르는 일을 적어봅니다. 그중에는 힘들고 어려운 결정이었지만 감사한 결과를 낳은 것 또는 비록 나의 선택이나 행동이 부족했지만 의외의 결과를 맺은 것도 있겠지요. 모두 하나님의 은혜일 텐데, 아래에 그러한 감사의 목록을 적고 함께 이야기를 나누어봅시다.

1.

2.

3.

4.

5.

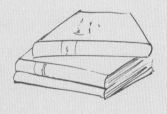

2

세례 요한,
일상에서 시작하는 좋은 죽음

오늘 제대로 살기

· · ·

죽음 이후에도 누군가에게 기억되길 원한다면, 삶의 초점이 성취와 성공이 아니라 인격에 맞춰져야 합니다. 사람들은 그가 이룬 명성이나 업적은 쉽게 잊어버립니다. 그런 것들은 사람들의 수많은 과거에 금방 파묻혀 버립니다.

반면 사람들의 기억에 남는 것은 어떤 사람, 어떤 인격의 사람이었느냐 하는 것이지요. 그가 남긴 삶의 향기만 남을 뿐입니다. 일상의 모습, 표정, 삶에 대한 태도, 이웃에 대한 마음이 오래도록 남습니다. 그 죽음이 안타깝고 아쉬운 죽음이라면 더욱 그렇습니다.

그래서 좋은 죽음에 대해 생각할 때 항상 기억해야 할 것은, 좋은 죽음에 대한 준비야말로 평소 일상생활에서 시작된다는 점입니다. 어느 날 갑자기 이룰 수 있는 일이 아닙니다. 예를 들어, 장례에 필요한 물건을 준비한다거나 자신이 묻힐 곳을 준비하는 일은 그래도 수월하게 준비할 수 있습니다. 언제라도 할 수 있고 시간도 그리 오래 걸리지 않습니다.

하지만 사람들에게 기억되고 남는 것은 그런 것이 아니지요. 그가 살아온 삶의 여정 중에 추구했던 가치와 정신, 함께했던 행복한 기억과 즐거운 경험처럼 하루하루 일상이 정말 중요합니다. 그것이 그의 죽음 이후를 가름한다고 할 수 있습니다. 그래서 아름다운 삶의 마무리는 오늘, 이 자리에서 시작됩니다.

세례 요한의 안타까운 죽음

신약성경에서 억울하고 안타까운 죽음의 사건을 종종 만날 수 있습니다. 요단강을 중심으로 세례를 베풀던 요한의 죽음에 대한 기록도 그중 하나입니다.

> ⁹왕은 마음이 괴로웠지만, 이미 맹세를 하였고, 또 손님들이 보고 있는 앞이므로, 그렇게 해 주라는 명령을 내리게 되었다. ¹⁰그래서 그는 사람을 보내서, 감옥에서 요한의 목을 베게 하였다. ¹¹그 머리를 쟁반에 담아서 가져다가 소녀에게 주니, 소녀는 그것을 자기 어머니에게 가져갔다. ¹²요한의 제자들이 와서, 그 시체를 거두어다가 장사 지내고 나서, 예수께 가서 알려드렸다.
>
> _마태복음 14:9-12

〈세례 요한의 참수〉 카라바조, 1608년

세례 요한은 헤롯 대왕의 아들 유대 왕 헤롯 안디바(Herod Antipas)가 이복동생 빌립의 아내 헤로디아를 빼앗아 아내로 맞은 것이 잘못된 행동이라고 과감히 지적했습니다. 그러자 헤롯 안디바는 그를 감옥에 집어넣었습니다.

이후 헤롯의 생일잔치 날, 헤로디아의 딸이 춤을 추어 모두를 기쁘게 했는데, 헤롯 왕도 기분이 좋아 무엇이든지 원하는 것을 들어주겠다고 큰소리를 칩니다. 심지어는 나라까지도 주겠노라고 맹세를 하지요. 그때 헤로디아의 딸이 어머니의 말을 듣고 와 세례 요한의 머리를 쟁반에 얹어 달라고 왕에게 요구합니다. 왕은 자신이 맹세한 것 때문에 명령을 내리고, 그렇게 세례 요한은 아무런 저항도 하지 못하고 죽고 맙니다.

사실 헤롯이 이전에 세례 요한을 감옥에 집어넣었을 때, 그는 감옥에 집어넣기만 했을 뿐 어떻게 하지는 못했습니다. 세례 요한에 대한 이스라엘 백성의 두터운 신망을 잘 알고 있었기 때문이지요. 수많은 이스라엘 사람이 그에게 와서 죄를 자복하며 죄의 용서를 구했고 그에게 세례를 받았습니다.

그뿐만 아니라, 왕 스스로도 그를 의롭고 거룩한 사람으로 알았기에 두려워했습니다. 그래서 자신을 비난하는 말은 듣기 싫었지만, 그럼에도 쉽게 무시할 수 없는 인물이라 가둬두기만 하고 내심 번민하던 차였습니다. 그처럼 존경받고 백성들에게 영향력 있는 사람이 세례 요한이었습니다.

세례 요한의 죽음은 끔찍한, 누구도 기억하고 싶지 않은 그런 사건입니다. 목이 베이는 참수를 당했으니 더욱 그렇습니다. 그럼에도 분명한 것, 세례 요한에 대한 기억은 그의 죽음으로 사라지지 않았습니다. 그는 많은 이들에게 정의롭고 순전한 하나님의 사람으로 기억되었고 오직 주어진 사명에 충성한 사람으로 지금까지 남아 있습니다.

헤롯 왕은 세례 요한을 죽인 후, 자신의 잘못된 결정과 행동에 대해 염려하는 마음이 생겨났습니다. 그래서 예수님이 백성의 존경을 받고 이적을 행한다는 이야기를 듣고는 혹시 세례 요한이 다시 살아난 것은 아닌가 싶어 걱정했습니다. 그를 죽인 헤롯마저도 쉽게 잊을 수 없었던 것입니다.

죽었으나 여전히 살아서 말하는 세례 요한

특히 세례 요한은 예수님이 오심을 준비한 사람으로 각인되어 있습니다. 평생의 삶이 그랬습니다. 이스라엘 백성이 세례 요한에게 와서 세례를 받을 때, 그는 신분의 높고 낮음이나 재산이 많고 적음에 차별을 두지 않고 회개하고 그리고 회개에 합당한 열매를 맺으라고 선포했습니다. 그렇게 공평하게 백성을 대했고 세례를 베풀었습니다.

또한 앞으로 오실 나보다 능력 많으신 분, 성령과 불로 세례를 주실 분에 대해서 증거했습니다. 그는 자기 자신에 대해서 말하지 않고, 앞으로 오실 예수님에 대해서만 전했습니다. 자기 경험이나 자기주장으로 말하지 않고 구약 선지자의 말씀을 근거로 예수님을 증거했습니다.

세례 요한은 자기가 하는 일, 자기의 명성과 능력에 대해서는 아무런 말을 하지 않았습니다. 오히려 이스라엘 백성이 그렇게 생각할 것을 염려해 주의하기까지 했습니다. 오직 예수님이 하

〈세례 요한의 설교〉 루카스 크라나흐, 1537-1540년

〈세례 요한의 설교〉 베르나르도 스트로치, 1644년경

실 일, 성령으로 세례를 베푸실 것을 전했습니다. 그는 백성들 앞에서 당당히 이렇게 외쳤습니다.

> 7그는 이렇게 선포하였다. "나보다 더 능력이 있는 이가 내 뒤에 오십니다. 나는 몸을 굽혀서 그의 신발 끈을 풀 자격조차 없습니다. 8나는 여러분에게 물로 세례를 주었지만, 그는 여러분에게 성령으로 세례를 주실 것입니다."
>
> _마가복음 1:7-8

그의 모습은 예수님을 만나기 전만 아니라, 예수님을 직접 만난 이후에도 변하지 않았습니다. 자신에게 와서 세례를 받으려는 예수님께 겸손히 거절했습니다. 하지만 예수님의 말씀대로 세례가 베풀어질 때, 세례 받으시는 현장에서 성령이 임하시며 하늘로부터 "내 사랑하는 아들이라 내가 너를 기뻐하노라"(막 1:11, 개역개정)라는 음성을 듣습니다.

그렇게 세례 요한은 예수님을 보기 전이나 이후에나 동일하게 전했습니다. 물론 예수님을 눈으로 직접 보고 만났음에도 잠시 믿음이 흔들릴 때도 있었습니다. 그건 억울하게 감옥에 갇혔을 때였는데, 언제 죽을지 모르는 상황에서 혼란스러웠던 것 같습니다. 자기 제자를 예수님께 보내 당신이 정말 오실 메시아가

맞는지 묻습니다. 육신의 고통 앞에서 정신적으로 영적으로 흔들렸고 어려운 시기를 보냈습니다.

그럼에도 세례 요한은 거룩한 하나님의 사자로, 겸손히 주님의 길을 예비한 하나님의 일꾼으로 기억됩니다. 그의 비참한 죽음이 그에 대한 기억을 지우지 못했습니다. 평소 삶의 모습이 여전히 사람들의 기억 속에 존재함으로써 그는 계속해서 사람들의 마음속에서 말하고 있습니다. 하나님이 주신 메시지를 전하고 있습니다.

일상에서 시작해야 할 삶의 마지막 준비

2019년은 3.1절 100주년을 맞이하는 해로, 독립유공자와 순국선열에 대한 감사의 마음을 새기는 여러 행사들이 진행되었습니다. 1968년 애국선열로 추대되어 동작동 국립묘지에 안장된 주기철 목사는 일사각오(一死覺悟)의 신앙으로 널리 알려져 있습니다. '다섯 제목의 나의 기도'라는 설교는 그의 기도이자 유언과도 같은 것으로 아래와 같습니다.

1. 죽음의 권세로부터 이기게 하여 주시옵소서.

이 죽음이 무서워 의를 버리고 죽음을 면하려고 믿음을 버리지 않

〈설교하는 세례 요한이 있는 경관〉 헤리 드 블레스, 1550년경

게 붙들어 달라고 기도합니다.

2. 장기간의 고난을 이기게 하여 주시옵소서.

고난으로 인해 타협하는 말이나 고개를 한 번 까딱하는 일이 없도록, 넘어지지 않도록 붙들어 달라고 기도합니다.

3. 내 어머니와 내 처자를 주님께 부탁합니다.

어머니를 모시지 못하고, 한 아내의 남편, 아이들의 아비의 책임을 다하지 못하는 것이 한없이 괴롭지만 인정에 얽매이지 않도록 기도합니다.

4. 의에 살고 의에 죽게 하시옵소서.

오직 그리스도의 신부로 다른 신에게 내 정절을 깨지 않게 해달라고 기도합니다.

5. 내 영혼을 내 주께 부탁합니다.

옥중에서든 사형장에서든 내 목숨이 끊어질 때, 내 영혼을 받아주시고 내 영혼을 주님께 의탁한다고 기도합니다.

주기철 목사는 일제 강점기 마산 문창교회와 평양 산정현교회를 담임했습니다. 오산학교 시절 민족 지도자 조만식, 이승훈 선생에게서 큰 영향을 받아 신앙과 애국의 삶을 살았습니다. 1935년 이후 신사 참배가 강요되었을 때, 이를 반대하여 1938년 이후 약 6년간 옥중생활을 하다 1944년 4월 21일, 47세의 나이로 순교합니다.

비록 그는 감옥에서 순교했지만 그 신앙의 정신은 그의 가족 뿐만 아니라 후대 그리스도인들의 삶에 면면히 흐르고 있습니다. 우리는 그의 비참한 죽음의 현장과 죽음의 순간보다, 그의 순결한 신앙과 십자가를 따르는 삶을 기억합니다. 그는 삶의 아름다운 마지막을 이미 준비하고 있었습니다. 일상의 삶을 통해서 말이지요. 일상의 현장에서 이미 시작된 하나님의 사람으로서의 삶이 이러한 결과로 이어졌습니다.

어떤 사람으로 기억될 것인가

역사 속에 안타깝고 억울한 죽음의 사연이 참 많습니다. 개인의 죽음에서 수많은 사람들의 죽음까지, 자연재해로 인한 갑작스러운 죽음뿐 아니라 정치사회적인 상황으로 인한 죽음까지 그 수를 헤아릴 수 없습니다.

그런 면에서 조선시대 행복의 기준인 오복 중의 하나로 '고종명'(考終命)을 꼽은 것이 적절하다고 생각합니다. '고종명'이란, '주어진 명을 다하고 편안하게 숨을 거두는 것'을 의미합니다. 불의의 사고나 억울한 누명으로 인한 죽음 또는 살신성인으로서의 죽음도 아닌, 의연하고 평범한 모습으로서의 죽음이 복임

<세례 요한> 미상, 1490-1500년

을 가리킵니다.

하지만 어떻게 기억될지를 생각한다면, 좋은 죽음의 의미를 생각한다면, 그 이상을 볼 수 있어야겠지요. 편안하게 숨을 거두는 것 그 이상을 말입니다.

'내가 죽은 후에 나에 대해 무엇을 기억하고 무슨 이야기를 할까?' '나는 누군가에게 슬픔과 아픔, 후회의 기억만이 아니라 사랑의 기억으로 남을까?' '나는 어떤 사람으로 기억될까?' '특히 내가 사랑하는 그 사람이 나를 어떤 사람으로 기억할까?'

이 질문에 대해 하버드대학교 교수직을 내려놓고 캐나다 토론토의 데이브레이크 공동체에서 정신지체 장애인과 삶을 함께했던 헨리 나우웬(Henri Nouwen)이 중요한 이야기를 합니다. 그는 『죽음, 가장 큰 선물』(Our Greatest Gift)에서 죽음 앞에서 던질 수 있는 참된 질문은 내가 지금까지 또는 앞으로 이룰 성취나 영향력이 아니라고 말합니다. 진짜 중요하고 참된 질문은 내가 죽은 후에도 주변 사람들이 계속 열매를 맺도록 하려면 어떻게 살아야 하는지에 대한 것이라고 말하지요. 그러므로 평소 우리의 관심사가 행위가 아닌 존재로, 해야 할 일과 할 수 있는 일이 아니라 인격에 초점이 맞추어져야 한다고 강조합니다.

일상의 삶이 우리의 죽음 이후, 우리가 누구였는지 말해줍니다. 그래서 삶의 마지막을 생각하고, 삶의 아름다운 마무리를 원한다면 그 준비는 평소 시작되어야 합니다. 매일매일을 충성스럽고 올바르게 살아가는 것이지요. 그 삶에 대한 기억은 죽음 이후에도 오래도록 남아, 오늘도 여전히 말할 것입니다.

해피엔딩을 위한 메모

• • •

내가 생각하는 웰빙(Well-Being), 웰다잉(Well-Dying)

'웰빙'(Well-Being) 또는 '웰다잉'(Well-Dying)의 삶을 살기 위해 필요한 요소로 무엇이 있다고 생각합니까?

삶과 죽음은 함께할 뿐만 아니라 서로를 선명하게 만듭니다. 좋은 삶의 결과는 좋은 죽음으로 이어지고, 좋은 죽음에 이르기 원한다면 좋은 삶을 살아야 하지요. 내가 생각하는 '웰빙'과 '웰다잉'의 목록을 작성하고 이야기를 나눠봅시다.

1.

2.

3.

4.

5.

6.

7.

8.

9.

3

어떤 부자,
죽음의 그림자가 드리울 때

영혼의 부요에 집중하기

・・・

삶의 마지막을 생각하며 그날을 평소에 준비하는 사람은 눈에 보이는 것들 즉 대표적으로 재산만이 아니라, 눈에 보이지 않는 소중한 가치들을 귀하게 여깁니다. 영적인 것을 생각하고 죽음 이후를 준비합니다. 다른 사람을 돕고 이웃과 화평하며 올바름을 추구하는 등 소홀해지기 쉬운 가치들을 지켜갑니다. 더 귀한 가치를 알기 때문입니다.

그래서 비록 경제적으로는 손해 본다 해도 더 귀한 가치를 지키기 위해 기쁜 마음으로 감수합니다. 삶의 날이 언제까지 지속될지 모르기 때문이고, 주어진 나날에 감사하기 때문입니다. 이 것이 성숙한 인격의 모습이며, 삶의 마지막을 아는 지혜로운 사람의 행동입니다.

인생의 마지막에 무지한 사람

신약성경 복음서를 읽다보면 예수님이 하신 비유의 말씀을 많이 만납니다. 그런 말씀은 쉽고 재미있게 읽혀 더 관심이 갑니

<어리석은 부자의 비유> 렘브란트, 1627년

다. 예수님은 무리에게 하나님 나라와 복음에 대해 말씀하실 때 이처럼 비유를 자주 사용하셨는데, 그중에는 이해하기 어려운 내용도 있었습니다. 그런 경우에는 제자들에게 그 의미를 자세히 설명해주곤 하셨습니다.

여기 등장하는 한 부자도 예수님이 들려주신 비유에 등장하는 인물입니다. 그는 행복한 고민에 빠졌습니다. 밭의 소출이 풍성해 더 이상 창고에 쌓아둘 곳이 없자 어찌 해야 할지 고민합니다. 당연히 창고를 더 지어 곡식을 쌓아두어야겠지요. 그도 그런 계획을 세웁니다.

그런데 문제는 자기 영혼에게 이런 말을 합니다. 이런 생각을 했다는 뜻이지요. "영혼아, 여러 해 동안 쓸 많은 물건을 쌓아 두었으니, 너는 마음놓고, 먹고 마시고 즐겨라."(눅 12:19)라고요.

안타깝게도 그는 죽음을 모르는 사람이었습니다. 산더미처럼 쌓인 곡식 때문에 생각이 어긋났습니다. 바르게 생각할 수 없었습니다. 언제라도 죽을 수 있는 존재라는 것, 그래서 죽음의 때를 생각하고 죽음 이후를 준비해야 한다는 것을 생각하지 못했습니다. 예수님은 그런 그를 어리석은 사람이라고 하셨습니다.

> [20]그러나 하나님께서 말씀하셨다. '어리석은 사람아, 오늘밤에 네 영혼을 네게서 도로 찾을 것이다. 그러면 네가 장만한 것들이 누구의 것이 되겠느냐?' [21]자기를 위해서는 재물을 쌓아 두면서도, 하나님께 대하여는 부요하지 못한 사람은 이와 같다.
>
> _누가복음 12:20-21

죽음 이후 시작될 영생에 무지한 부자

이 부자는 죽음을 모를 뿐 아니라, 영혼에 대해서도 무지했습니다. 그는 삶의 본질적인 문제가 곡식을 쌓아두는 것으로 해결된

〈부자와 나사로의 비유〉 얀 스테인, 1677년경

다고 믿었습니다. 영혼에 대한 문제마저도 곡식을 충분히 쌓아

두었으니 해결될 것이라고 여겼습니다.

　무엇보다 인생의 주인이신 하나님을 잊었습니다. 인간에게 주어진 삶의 시간은 하나님이 허락하신 시간이라는 것, 언제든지 부르시면 모든 것을 다 내려놓고 가야 한다는 것을 잊었습니다. 자기 자신이 삶의 주인이라고 생각했기에 죽고 사는 문제도 영혼의 문제도 스스로 해결할 수 있다는 착각에 빠졌습니다. 눈앞에 놓인 엄청난 재물이 진실을 보는 눈을 가렸습니다. 생각이 마비되었습니다. 어리석은 사람으로 전락하고 말았습니다.

> ¹⁶그리고 그들에게 비유를 하나 말씀하셨다. "어떤 부자가 밭에서 많은 소출을 거두었다. ¹⁷그래서 그는 속으로 '내 소출을 쌓아둘 곳이 없으니, 어떻게 할까?' 하고 궁리하였다. ¹⁸그는 혼자 말하였다. '이렇게 해야겠다. 내 곳간을 헐고서 더 크게 짓고, 내 곡식과 물건들을 다 거기에다가 쌓아 두겠다. ¹⁹그리고 내 영혼에게 말하겠다. 영혼아, 여러 해 동안 쓸 많은 물건을 쌓아 두었으니, 너는 마음놓고, 먹고 마시고 즐겨라.'
>
> _누가복음 12:16-19

예수님은 "내 형제에게 명해서, 유산을 나와 나누라고 해주십시오."(눅 12:13)라고 요청한 청년에게 이 비유를 들려 주셨습니다. 예수님은 그에게 탐심이 있음을, 재물에 대한 생각으로 꽉 차서 하나님을 생각하지 않는 사람인 것을 아셨습니다.

그래서 먼저 예수님은 자신이 재판관이나 물건 나누는 사람이 아님을 일러주셨습니다. 생명의 문제, 더 중요한 영혼의 문제를 다루는 분임을 밝히시지요. 그러면서 생명의 문제는 결코 물질의 많고 적음에 있지 않다는 이 비유의 말씀을 해주십니다. 아무리 많은 것을 저축하고 쌓아두었을지라도 영혼의 문제는 해결되지 않음을 말씀하시며 하나님께 대하여 부유한 사람이 되어야 함을 가르쳐주셨습니다.

우리가 끝까지 관심 가져야 하는 것은 소유에 대한 것이 아닌, 생명에 대한 것입니다. 이 생명을 부유하게 하는 방법에 대해 생각하고 고민하며 기도해야 합니다. 그런데 생명의 부요는 하나님께 부유한 사람이 얻게 됩니다. 생명의 근원이 하나님이시며, 하나님으로부터 모든 것이 창조되고 또 새로워지기 때문입니다.

아무리 부유해도 지나치지 않은 것은 하나님을 아는 것에 대한 부유함이며, 하나님의 나라를 구하는 갈급함입니다. 우리의 부유함은 은혜의 부요함이어야 합니다. 결코 권력으로도, 돈으로도, 영향력으로도 만족할 만한 부요에 이를 수 없습니다. 끝까지 누군가와 비교하고, 끝까지 내 것을 유지하려는 불안감이 작동하니까요. 하지만 우리는 하나님의 사랑으로 부유하고 하나님의 은혜를 누리는 데 부유한 사람입니다.

영생을 향한 첫 걸음과 하나님을 신뢰하는 믿음

구약성경 신명기 8장에서 하나님은 광야에서 이스라엘 백성에게 만나를 주시고 그리고 그것을 먹이신 이유를 설명해주십니다. 이스라엘 백성을 겸손하게 하기 위함이었습니다. 그리고 동시에 이스라엘 백성이 복을 받게 하기 위해서였습니다. 신명기 8장 16절은 이렇게 기록합니다. "광야에서는 당신들의 조상도 알지 못하던 만나를 당신들에게 먹이셨습니다. 이것이 다 당신들을 단련시키고 시험하셔서, 나중에 당신들이 잘 되게 하시려는 것이었습니다."

이스라엘 백성은 하루 먹을 만큼의 만나를 받았습니다. 더 가지고 가는 것은 다 썩어버렸습니다. 다만 안식일 전날은 이틀치를 가져갔습니다. 그러나 그때는 상하지 않았고 안식일에도 먹을 수 있었습니다. 그들은 그렇게 반드시 '일용할 양식', 그날 먹을 음식만을 챙겨야 했습니다.

이스라엘 백성은 만나를 주시는 하나님을 믿고 의지해야만 했습니다. 하나님께서 내일도 또 내려주심을 믿어야 했지요. 하나님은 약속을 지키셨습니다. 신실하셨습니다. 이스라엘이 가나안에 정착해서 농사를 지어 추수하기까지 그들에게 만나를 내려주셨습니다.

〈구두쇠의 죽음〉 히에로니무스 보스, 1490년경

¹⁷당신들이 마음속으로 '이 재물은 내 능력과 내 손의 힘으로 모은 것이라'고 생각할 것 같아서 걱정이 됩니다. ¹⁸그러나 주 당신들의 하나님이, 당신들의 조상에게 맹세하신 그 언약을 이루시려고 오늘 이렇게 재산을 모으도록 당신들에게 힘을 주셨음을, 당신들은 기억해야 합니다.

_신명기 8:17–18

하나님을 믿고 신뢰하는 것에 부유할 때, 우리는 물질에 대한 끊임없는 욕망과 그로 인한 갈증을 극복할 수 있습니다. 우리 삶의 본질적인 것은 결코 물질의 많고 넉넉함에 있지 않고 하나님이 주시는 생명, 영생에 있기 때문입니다. 그뿐만 아니라, 그 생명이 우리에게 진정한 행복을 선물로 가져다줍니다.

제일 먼저 해야 할 영혼을 위한 준비

미국 아이젠하워(Dwight Eisenhower) 대통령이 임종을 앞둔 어느 날, 그가 입원해 있던 월터리드 미육군 병원에 빌리 그레이엄 목사가 방문했습니다. 빌리 그레이엄 목사가 허락된 30분의 면회 시간이 끝나고 나가려 하자, 아이젠하워 대통령이 조금 더 있다가 가라고 청했습니다. 더 하실 말씀이 있으시냐는 물음에

〈임종 침상의 부자〉 하인리히 알데그레버, 1554년

대통령은 하나님을 어떻게 만나야 할지 확신이 없다며 도와달라고 마지막 부탁이라고 말했습니다.

빌리 그레이엄 목사는 주머니에 있던 신약성경을 꺼내놓고 어떻게 죄 사함을 받을 수 있으며, 어떻게 하나님의 자녀로 구원을 받을 수 있는지에 대해 진지하게 설명했습니다.

"선행으로 구원받는 것이 아닙니다. 우리의 무슨 업적이 있다고 하나님 앞에 갈 수 있는 것이 아닙니다. 우리의 모든 노력이 죄 문제를 해결할 수 없기 때문에 하나님의 독생자 예수 그리스도를 보내셨습니다. 내 모든 지나간 날의 죄를 회개하고 예수 그리스도를 나의 구주와 주님으로 영접하는 순간, 그분을 믿는 그 순간, 당신은 하나님의 자녀가 될 수 있습니다."

빌리 그레이엄 목사의 인도를 통해서 아이젠하워 대통령은 예수 그리스도를 구주와 주님으로 영접했고, 기도가 끝났을 때에 아이젠하워 대통령은 이렇게 마지막 말을 남겼습니다.

"빌리, 감사하오. 이제 준비되었다오."

삶의 마지막을 위해 준비해야 할 가장 중요한 문제는 영혼에 대한 것입니다. 그것은 아무리 많은 재물을 가지고 있어도, 누구도 쳐다볼 수 없는 높은 지위에 올랐어도, 오래도록 기억될 특별한 업적을 남겼어도 준비할 수 없는 것이지요.

오직 하나님에 대해 부유한 사람, 예수님을 믿고 따르며 신뢰하는 믿음의 사람에게 허락된 선물이 영생의 삶입니다. 가장 먼저 준비해야 할 아름다운 삶의 마무리를 위한 준비는 다름 아닌 영원한 삶, '영생'입니다.

해피엔딩을 위한 메모

• • •

내가 쓰는 나의 부고(訃告)

부고(訃告)는 '사망기'(死亡記)라고도 하는데, 일반적으로 사망자의 이름, 사망원인, 사망연월일, 발인 날짜와 장소, 장지의 소재, 상주의 이름 등이 들어갑니다. 때때로 과거 활동이나 최근 근황, 그에 대한 사람의 평가와 기억을 담기도 합니다.

자신의 사망 기사를 작성해보는 것은 내가 어떤 사람이었고 또 사랑하는 가족에게 어떤 사람으로 기억될지 생각해보는 기회가 됩니다. 작성한 후 이야기를 나눠봅시다.

4

베드로,
죽음이라는 낯선 곳으로의 여행

있는 그대로 받아들이기

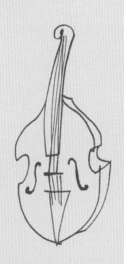

• • •

　수영을 배울 때 어깨에 힘을 빼라는 말을 많이 듣습니다. 잘하려고 또는 물이 부담스러워지는 순간 어깨를 비롯해 몸에 힘이 들어갑니다. 긴장되면서 뻣뻣해지고 그러면 수영하기 힘들어지고 오래 수영하기 어려워집니다. 수영만이 아니라 다른 운동도 그렇습니다. 자전거를 처음 배울 때 대부분 그런 경험을 합니다. 넘어질까 봐 긴장하고 머뭇거리는 순간 쓰러지고 말지요. 하지만 자연스럽게 자전거가 굴러가도록 자전거에 몸을 맡기면 어느덧 균형이 잡혀 탈 수 있게 됩니다.

　일상에서도 마찬가지입니다. 무엇인가 결과를 내려고 무리하게 움직이는 경우, 오히려 결과가 나빠집니다. 때로는 건강을 잃거나 관계가 깨지기도 하지요. 잘 하려고 한 것이 아쉬운 결과를 낳고 맙니다.

　또 혼자 하려고 할 때 원하는 성과를 거두기 어렵습니다. 현대 사회에서는 더욱 협업의 중요성이 강조되는데, 함께 일을 할 때 중요한 것은 서로 소통하며 공유하는 것이지요. 내가 다 하려고 해서는 가치 있는 일을 이루어내기 힘들다는 데 주목해야 합니다.

삶의 마지막에 앞서 경험하게 되는 것

노년의 시기를 지나고 있거나 죽음을 앞둔 순간은 신체적으로나 정신적으로 원활하게 움직이기 무척 어렵습니다. 먼저 혼자

〈기적적인 고기잡이〉 콘라드 비츠, 1444년

〈풀려나는 베드로〉 베르나르도 스트로치, 1635년경

밖으로 나가거나 활동하기 어려워집니다. 누군가의 도움을 받아야 하지요. 밖을 나가는 경우에는 누군가의 돌봄이 더욱 필요합니다. 때로는 먹는 것마저도 도움을 받아야 하는 경우가 생깁니다.

심리적으로나 정신적으로도 마찬가지입니다. 잘 기억하지 못하고 판단하는 데 어려움이 생깁니다. 갑자기 찾아오는 외로움과 고독감 그리고 죽음에 대한 두려움도 풀어야 할 감정적인 부담입니다. 이러한 사실을 인정하고 옆에 있는 사람에게 도움을 요청하는 것, 신뢰할 만한 사람에게 자기 자신을 의탁하는 것은 매우 중요합니다.

인간은 그 누구도 평생 독립적인 존재로 살아갈 수 없습니다. 어느 순간부터는 나를 누군가에게 의탁하고 의지하는 것을 자연스럽게 받아들여야 합니다. 그렇게 맡기는 것이 현명합니다.

신약성경의 인물 베드로, 그는 예수님의 열두 제자 중 첫째 되는 제자로 성경에 기록됩니다. 예수님의 생애 중요한 순간마다 베드로는 늘 옆에 있었고, 성격적인 특징 때문에도 그는 주로 다른 제자들에 앞서 사람들 앞에 나서곤 했습니다.

베드로의 죽음에 대해 확실히 밝혀진 것은 없지만, 전승에 따르면 베드로는 1세기, 60년 초반에 네로 황제 치하의 로마에서 예수님처럼 십자가에 못 박혀 죽었다고 전해집니다. 베드로는 자신이 어떻게 감히 예수님처럼 바른 자세로 십자가에 못 박힐 수 있느냐며 거꾸로 못 박혀 죽기를 요청했다고 하는데, 베드로는 그렇게 순교했습니다.

〈베드로의 십자가 형〉 루가 조르다노, 1660년경

　자신의 마지막이 십자가에 못 박혀 죽는 것이 되길 원하는 사람은 아무도 없습니다. 베드로도 원치 않던 일이었겠지요. 하지만 베드로는 자신이 원하지 않던 그 길을 걷습니다. 사실 베드로의 죽음에 대해 예수님이 하셨던 말씀이 있었습니다.

[18]내가 진정으로 진정으로 네게 말한다. 네가 젊어서는 스스로 띠를 띠고 네가 가고 싶은 곳을 다녔으나, 네가 늙어서는 남들이 네 팔을 벌릴 것이고, 너를 묶어서 네가 바라지 않는 곳으로 너를 끌고 갈 것이다." [19]예수께서 이렇게 말씀하신 것은, 베드로가 어떤 죽음으

로 하나님께 영광을 돌릴 것인가를 암시하신 것이다. 예수께서 이 말씀을 하시고 나서, 베드로에게 "나를 따라라!" 하고 말씀하셨다.

_요한복음 21:18~19

죽음이라는 낯선 곳으로의 여행

분명 베드로는 그 말씀을 기억했습니다. 그래서 자신의 삶이 순교의 여정에 가까워지고 있음을 알았을 때, 그 말씀을 떠올리며 자신을 내려놓았습니다.

이 말씀에 앞서 베드로는 앞으로 감당해야 할 일, 양과 양 무리를 돌보는 일의 책임을 맡습니다. 그런데 그 일은 편안하며 쉬운 일이 아니라, 감당해야 할 짐과 대가가 있는 일이었습니다. 그리고 궁극적으로 그가 당하게 될 순교에 대한 말씀을 듣습니다. 노년에 이르기까지 하나님의 일을 위해 섬길 것이며 결국에는 팔을 벌리고 죽을 것에 대한 말씀입니다.

이처럼 베드로의 마지막은 자신이 원하지 않던 일이자, 원하지 않던 곳에 있는 것이었습니다. 어쩔 수 없이 끌려가는 상황이었지만, 베드로는 기꺼이 받아들임으로써 삶의 마지막을 준비하고 그 순간을 맞이합니다. 하나님께 자기 자신을 온전히 의

〈베드로의 회개〉 제라드 세게르, 1625-1629년

탁하면서 말이지요.

베드로는 저돌적인 성격의 갈릴리 어부였습니다. 앞뒤 가리지 않고 행동할 때도 있었고, 생각 없이 말을 내뱉을 때도 많았습니다. 대표적으로 예수님이 스스로 십자가에 달리심을 말씀하실 때, 자신은 절대로 주님을 부인하지 않을 것이라며 당찬 포부를 밝혔지만 실제 그 현장에서 베드로는 예수님을 부인하고 도망치기 바빴습니다.

그런 베드로가 변합니다. 예수님을 버리고 도망간 베드로는 이후 자신을 찾아와 여전히 사랑한다 말씀하시는 예수님을 위해 삶을 헌신합니다. 그리고 성령 강림으로 성령 충만함을 받고 담대한 사람으로 변모합니다. 이제 이전의 좌충우돌하는 성격이 아닌, 신중한 사람으로 하나님의 말씀을 힘차게 전합니다.

베드로는 예수님의 십자가 죽음과 부활을 전했습니다. 오직 예수님을 통해 구원에 이르게 됨을, 그분을 통해 부활에 이르게 됨을 전할 때, 한 번에 오천 명이 회개하기도 했습니다. 그러자 종교지도자들은 베드로를 공격하기 시작했고, 자신들의 권위가 떨어지고 백성들의 관심이 자신들에게서 멀어지는 것을 경계해 베드로를 잡아 가두기까지 했습니다. 그리고 협박합니다. 예수의 이름으로 말하지 말라고요.

그러나 가야 할 길을 이미 알고 있던 베드로는 두려워하지 않았습니다. 그럴수록 더욱 담대히 하나님의 말씀을 전합니다. 베드로의 고백입니다.

> **19** 그 때에 베드로와 요한은 대답하였다. "하나님의 말씀을 듣는 것보다, 당신들의 말을 듣는 것이, 하나님 보시기에 옳은 일인가를 판단해 보십시오. **20** 우리는 보고 들은 것을 말하지 않을 수 없습니다."
>
> _사도행전 4:19-20

"쿼바디스 도미네"(Quo Vadis Domine) 이 말은 라틴어로 '주여, 어디로 가시나이까?'라는 뜻입니다. 전승에 따르면, 베드로가 로마의 박해를 피해 다른 곳으로 향하던 중, 홀연히 나타나신 예수님을 만납니다. 예수님께 묻습니다. "주여, 어디로 가시나이까?"

베드로가 가던 그 길은 로마의 군대가 진군하던 길이었고, 전쟁에서 승리한 장군들이 로마로 들어가던 길이었습니다. 베드로는 지금 그 길을 제자들의 간곡한 부탁을 받고 다가올 박해를 피하기 위해 지나고 있었습니다. 도망가는 길입니다.

그 길에서 예수님을 만납니다. 그리고 예수님에게서 로마로 내 양을 지키고 돌보기 위해 가신다는 말을 듣습니다. 네가 버리고 도망가는 로마에 있는 양떼를 위하여 다시 십자가에 못 박히려고 로마로 들어간다고요. 예수님의 그 말씀에 베드로는 가던 길을 멈추고 다시 로마로 들어갔다고 합니다. 그리고 그곳에서 십자가에 못 박혀 순교합니다.

끌려갈 때에도 순종한 베드로

인간의 생각과 판단으로는 다 이해할 수 없는 하나님의 뜻과 섭리 앞에서 우리는 종종 무너집니다. 죄인을 향한 그 납득할 수 없는 자비로 인해 오히려 분노합니다. 또 나에게 몰려오는 고난과 고통으로 인해 좌절하고 원망합니다.

하지만 그럴 때에도 자기 자신을 하나님에게 온전히 의탁할 수 있다면, 그 상황 속에 말씀하시는 하나님의 음성을 들을 수만 있다면, 하나님이 이끄시는 대로 나를 맡기고 그분이 인도하심을 받을 수 있다면, 그 시기 또한 새로운 날들로 우리를 이끌 것입니다.

바라지 않는 곳으로 기꺼이 끌려가는 것, 그럴 수 있는 능력이 어쩌면 성숙한 사람의 모습입니다. 사람들은 자기 손에 쥐고 있는 것을 놓지 않으려고 하고, 원하지 않는 곳으로는 좀처럼 가려 하지 않습니다. 어쩔 수 없이 그렇게 몰릴 때만 끌려갈

〈회개하는 베드로〉 엘 그레코, 1605년경

뿐이지요.

그런데 그렇게 끌려갈지라도 그 끝에는 하나님의 인도하심이 있습니다. 그래서 논리적이고 합리적이며 이성적인 판단과 평가 이전에, 믿음의 눈을 가져야 한다고 말씀하십니다. 잠잠히 기도의 자리로 나가라 하십니다. 사람을 의지하거나 자신의 인기에 의존하지 말고, 하나님이 이끄는 대로 끌려가라 하십니다. 살았으나 죽은 자가 되라고 하십니다. 그러면 이제는 그것이 더욱 높은 차원의 신앙임을 조금씩 깨닫게 됩니다.

베드로는 자신이 쓴 편지 베드로후서에서 그런 고백을 합니다. 교회와 성도들에게 죽음의 날이 점점 가까워오는 것을 깨닫는다고 고백합니다. 그러면서 예수 그리스도의 복음 위에 견고히 서라고, 다른 헛된 가르침과 율법을 따라 살지 말라고 간곡히 당부합니다. 예수님은 하나님이 보내신 분이며, 그분을 통해 구원에 이른다고 말입니다. 이것이 죽음을 앞둔 사도의 간절한 유언이었습니다.

13나는, 이 육신의 장막에 사는 동안, 여러분의 기억을 일깨워서 분발하게 하는 것이 옳다고 생각합니다. 14우리 주 예수 그리스도께서 나에게 보여주신 대로, 내가 육신의 장막을 벗을 때가 멀지 않음을 알고 있기 때문입니다. 15그리고 내가 세상을 떠난 뒤에도 언제든지 여러분이 이런 일들을 기억할 수 있게 하려고 힘을 쓰고 있습니다.

_베드로후서 1:13-15

끌려가고 넘겨지는 삶의 시기

영성학자로 잘 알려져 있는 헨리 나우웬은 『분별력』(Dis-cernment)에서 바른 분별을 위한 삶에는 지금이 하나님의 인도하심 가운데 어느 시기인지를 알아야 한다고 말합니다. 일상의 삶에는 '행동할 때' '기다릴 때' '끌려갈 때'가 있다고 설명합니다. '행동할 때'란 회개와 감사로 행동해야 하는 시기입니다. 예수님이 하신 일들이 모두 하나님 아버지께 감사하는 마음에서 비롯되었듯이 말이지요.

또 '기다릴 때'가 있습니다. 영적 삶에는 적극적인 기다림이 반드시 필요합니다. 하나님의 약속이 이루어지기를 기다릴 때, 여기저기 두리번거리지 않고 우리가 가는 길에 온전히 집중할 수 있습니다. 아직 이루어지지 않은 약속을 향해 열린 마음으로 기다리는 것이지요.

결정적인 것은 '끌려갈 때'입니다. 이해하기 어려운 시기입니다. 헨리 나우웬은 나이가 들거나 영적으로 더 성숙하면, 기도하고 기다리면서 손을 펴는 법을 배우고, 가고 싶지 않은 곳으로 끌려가기도 한다고 말합니다.

헨리 나우웬은 예수님이 체포되는 사건의 핵심 주제는 '넘겨지는 것'이었다고 말합니다. 예수님이 넘겨진 직후부터 자신에게 벌어지는 일을 그대로 당하셨음에 주목합니다. 군병들에게 체포당하시고, 대제사장과 빌라도 앞에 끌려가셨고, 머리에는 가시관이 씌워졌고, 십자가에 못 박히셨습니다. 예수님은 아무것도 할 수 없었고 사람들이 그분에게 이런저런 일을 행했지만, 그렇게 끌려감의 종국은 "다 이루었다"라는 고백이었다고 강조합니다.

왜냐하면 그것은 "내가 하고 싶었던 일을 모두 다 했다는 것이 아니라, 내 소명을 이루기 위해 내게 이루어져야 하는 일들이 내게 이루어지게 했다"는 것이라고 헨리 나우웬은 설명합니다.

삶의 완성을 위해 지나야 할 마지막 문

삶을 아름답게 마무리하는 한 부분은 육신의 약함과 다가올 죽음을 인정하는 가운데, 다가오는 일들을 하나님과 주변 사람에게 기꺼이 의탁하는 것입니다.

먼저 스스로 모든 것을 다 할 수 없는 때가 있다는 것, 그리고

〈감옥의 베드로〉 렘브란트, 1631년

그것을 거부하거나 부인하는 것이 아니라 인정하는 것은 자연스러운 일임을 알아야 합니다. 그중에 우리는 세상에서 살 때 누군가의 섬김과 수고가 필요하다는 것과 내 힘만으로 살아낼 수 없는 것이 인생임을 깨닫습니다. 그리고 최종적으로는 죽음이 그렇습니다.

우리 삶의 연약함이 그대로 드러나는 시기, 비록 부끄럽고 난감한 순간일지 모르지만 주변 사람들의 손에 이끌려가야 할 그때를 준비해야 합니다. 삶을 아름답게 마무리하기 원한다면 기꺼이 나 자신을 다른 사람에게 의탁하며 손을 내밀어 도움을 청해야 합니다. 나를 맡아달라고, 도와달라고, 나를 이끌어 달라고 말입니다.

그것은 삶의 실패가 아닌, 삶의 완성을 위한 마지막 과정이자 단계입니다. 그러니 그 시간도 감사한 마음으로 기꺼이 지나야 합니다. 삶의 완성이란, 누군가의 도움으로 세상에 태어나 살아가다가 이제 누군가의 도움으로 세상을 떠나 하나님께 가는 것이니까요. 그렇게 한 사람의 삶은 완성되기 때문입니다.

인생을 향한 하나님의 긍휼과 선한 도우심의 약속을 붙들고 기다리는 가운데 죽음의 순간까지도 하나님의 섭리로 인정한 베드로, 그는 순교를 위해 끌려갈 그때를 생각하며 오늘을 살았습니다. 그는 다가올 그날을 인정했기에, 오늘도 담대히 하나님의 말씀을 전하며 하나님의 사람으로 살아갈 수 있었습니다.

여기, 아름다운 삶의 마무리를 이룬 베드로의 귀한 마지막 고백이 있습니다.

[8]사랑하는 여러분, 이 한 가지만은 잊지 마십시오. 주님께는 하루가 천 년 같고, 천 년이 하루 같습니다. [9]어떤 이들이 생각하는 것과 같이, 주님께서는 약속을 더디 지키시는 것이 아닙니다. 도리어 여러분을 위하여 오래 참으시는 것입니다. 하나님께서는 아무도 멸망하지 않고, 모두 회개하는 데에 이르기를 바라십니다.

_베드로후서 3:8-9

해피엔딩을 위한 메모

• • •

나의 마지막 48시간

아무도 자신의 마지막 시간을 정확히 아는 사람은 없습니다. 만약 내게 남은 시간이 이틀, 단 48시간이라면 누구와 무엇을 하며 어떻게 보내겠습니까?

남아 있는 시간이 48시간으로 한정되어 있고 그 시간이 지나면 죽을 것을 전제하고, 마지막 48시간을 시간대별로 나누어 타임 테이블을 작성해봅시다. 짧은 시간이니 욕심내지 말고 이 시간들을 채워보기 바랍니다.

첫 24시간에 꼭 하고 싶은 것

1. _____

2. _____

3. _____

마지막 24시간에 꼭 하고 싶은 것

1. _____

2. _____

3. _____

	24시간		24시간	
5시				
6시				
7시				
8시				
9시				
10시				
11시				
12시				
13시				
14시				
15시				
16시				
17시				
18시				
19시				
20시				
21시				
22시				
23시				
24시				
1시				
2시				
3시				
4시				

5

스데반,
죽음 이후를 주목하다

죽음 이후 생각하기

• • •

사도행전에서 만날 수 있는 믿음의 선배 스데반은 참으로 비참한 죽음을 맞이했습니다.

스데반을 덮친 끔찍한 죽음

스데반의 죽음은 나이가 들어 자연스럽게 육신의 생명이 다해 마무리된 평범한 죽음이 아니었습니다. 누구나 바라듯 명예롭게 사람들의 칭송을 받으며 죽음에 이른 것도 아니었습니다. 살던 집에서 자녀들이 둘러 모인 자리에서 한 사람씩 손을 잡고 얼굴을 쳐다보며 축복의 말을 전하다가 눈을 감은 것도 아니었습니다.

'좋은 죽음'에 대해 이명숙, 김윤정 연구자는 '노인이 인식하는 좋은 죽음'이라는 제목의 연구에서 서울과 경기 및 충청지역 65세 이상 노인 350명을 대상으로 인터뷰 조사를 했습니다. '좋은 죽음이 무엇이라고 생각하십니까?'에 대한 응답을 조사한 결과는 6개 범주로 도출되었습니다. 그 6개의 범주는 ① 주

〈스데반의 순교〉 바돌로메우스 브린버그, 1632년

변 사람을 배려하는 죽음, ② 천수를 누리는 죽음, ③ 내 집에서
맞이하는 죽음, ④ 편안한 모습으로의 죽음, ⑤ 준비된 죽음, ⑥
원하는 삶을 누리다 가는 죽음입니다.

스데반의 죽음은 이런 '좋은 죽음'에서 다 빗나갔습니다. 빗
나간 정도가 아니라, 완전히 상반된 죽음이었습니다. 모두 싫어
할, 피하고 싶은 죽음이었습니다.

먼저, 그의 죽음은 내 집에서 맞이하는 죽음이 아닌, 거리에
서의 죽음이었습니다. 가장 불행한 죽음으로 분류되는 일명 '객
사'(客死)입니다. 살 만큼 충분히 살고 죽는 천수를 누리는 죽음

이 아니라, 분노한 사람들의 돌에 맞아 죽은 끔찍한 '타살'(他殺)에 의한 죽음이었습니다. 존경받는 명예로운 죽음이 아닌, 사람들의 욕설과 비난의 화살을 받으며 공포 분위기 속에서 당한 죽음이었습니다.

원하는 삶을 누리다 가는 죽음, 준비된 죽음, 편안한 모습의 죽음과는 거리가 먼, 이보다 더 비참한 죽음이 있을까 싶은 그런 죽음이 스데반을 덮쳤습니다.

[54]그들은 이 말을 듣고 격분해서, 스데반에게 이를 갈았다. [55]그런데 스데반이 성령이 충만하여 하늘을 쳐다보니, 하나님의 영광이 보이고, 예수께서 하나님의 오른쪽에 서 계신 것이 보였다. [56]그래서 그는 "보십시오, 하늘이 열려 있고, 하나님의 오른쪽에 인자가 서 계신 것이 보입니다" 하고 말하였다. [57]사람들은 귀를 막고, 큰 소리를 지르고서, 일제히 스데반에게 달려들어, [58]그를 성 바깥으로 끌어내서 돌로 쳤다. 증인들은 옷을 벗어서, 사울이라는 청년의 발 앞에 두었다. [59]사람들이 스데반을 돌로 칠 때에, 스데반은 "주 예수님, 내 영혼을 받아 주십시오" 하고 부르짖었다. [60]그리고 무릎을 꿇고서 큰 소리로 "주님, 이 죄를 저 사람들에게 돌리지 마십시오" 하고 외쳤다. 이 말을 하고 스데반은 잠들었다.

_사도행전 7:54-60

죽음도 무너뜨리지 못한 평안

그런데 설명하기 어려운 것은 이런 끔찍한 죽음이라면 스데반 스스로도 괴로워하며 고통스러워했어야 하는데, 전혀 그렇지 않았다는 것입니다. 그가 하나님 우편에 앉아계신 예수님을 바라보았다는 성경구절에서 현장의 공포감과는 대비되는, 한없이 평안하고 안온함을 상상할 수 있습니다.

돌에 맞아 죽어 가면서도 돌을 던진 이들의 죄를 용서해달라는 그 기도는, 지금 죽는 이가 스데반이 아니라 돌을 던진 저들임을 더욱 부각시킵니다. 스데반이 아니라 저들이 죽었습니다.

이제 그는 천국에 이를 것임을 선명히 보면서 주님께 자신의 영혼을 의탁합니다. 하나님의 아들인 예수님이 십자가에서 죽으시며 자신의 영혼을 하나님에게 의탁하셨듯이, 스데반 역시 하나님을 전적으로 신뢰하며 천국에 대한 믿음 가운데 평화로운 죽음에 이릅니다. 그래서 성경은 그가 "잠들었다"(60절)라고 기록합니다. 천국에 온전히 이르렀음을 가리키는 설명입니다.

초대교회 일곱 집사 중 하나인 스데반은 사도들의 기도와 안수로 세움을 받고, 은혜와 권능이 충만하여 큰 기사와 이적을 행했습니다. 많은 사람과 논쟁을 했음에도, 그가 지혜와 성령으로 말하며 대답했기에 누구도 그를 능히 이기지 못했습니다.

〈성 스데반〉 롬바드 마스터, 1450년

그런데 그가 돈을 받고 매수당한 거짓증인들에 의해 목숨에 심각한 위협을 느끼며 공회에 잡혀 왔습니다. 그들에게 돈을 준 이들은 예루살렘 성전을 이용해서 돈을 벌며 권력을 유지하던 이들이었습니다. 그랬기에 그들에게 예수님이 하셨던 말씀, 모세가 준 율법을 고치고 예루살렘 성전을 헐 것이라는 말씀은 너무나도 끔찍한 선포였습니다.

조금만 생각해보면, 그 이유를 분명히 알 수 있습니다. 예수님이 성전의 제사는 끝날 것이고 우리 각자가 하나님의 거룩한 성전이 된다고 하신 말씀을 사람들이 믿는다면, 이제 더 이상 성전에 오지 않겠지요. 그러면 자연스럽게 성전에서 제물로 드릴 동물을 판매하고 돈을 벌던 일, 성전 세(稅)를 낼 동전으로 환전해주며 수수료를 챙기던 일을 더 이상 하지 못할 것입니다. 그 금전적 손실, 그렇게 쉽게 벌던 돈이 하루아침에 사라지는 것은 그들에게 끔찍한 일이겠지요.

동시에 그들은 지금까지 자신들이 율법의 수호자임을 자처하며 사람들을 감시하면서 권위를 유지했습니다. 종교를 이용해 권력을 잡았습니다. 그런데 그 율법이 고쳐진다면, 새로운 율법을 예수님이 주신다면 그들이 이스라엘 사회 속에서 행사하던 권력도 자연히 사라질 것이 뻔했습니다.

종교지도자들 그리고 그들을 따르는 이스라엘 백성은 격분

했고 그래서 스데반을 공회로 잡아왔습니다. 그리고 그 결과, 스데반은 끔찍한 죽음과 직면합니다. 그렇지만 가장 무섭고 비참한 순간에도 스데반은 평화로운 생의 마지막 순간을 우리에게 보여줍니다. 우리는 그 이유를 스데반이 천국에 대한 소망으로 충만했던 데서 찾을 수 있습니다.

죽음 이후의 천국을 주목한 스데반

그가 천국의 소망으로 충만했다는 것은 먼저 그의 평소 얼굴에서 읽을 수 있습니다. 하나님의 사랑에 압도된 그의 삶은 감사와 헌신으로 이어졌고, 복음을 전하는 책임에 충실한 삶은 그의 얼굴에 그대로 나타났습니다. 그래서 사람들은 그의 얼굴이 천사의 얼굴과 같았다고 말했습니다.

> 공의회에 앉아 있는 사람들이 모두 스데반을 주목하여 보니, 그 얼굴이 천사의 얼굴 같았다. _사도행전 6:15

얼굴에는 그 사람의 마음과 정신이 드러난다고 합니다. 스데반의 얼굴이 천사의 얼굴과 같았던 것은 이스라엘 역사 가운데 나타난 하나님의 섭리와 예수님의 십자가와 부활을 통해 확증

〈스데반의 순교〉 코르넬리스 반 푸렌뷔르흐, 1615-1630년경

〈스데반의 순교〉 베르나르도 카발리노, 1645년경

〈스데반의 순교〉 조르조 바사리, 1560년경

된 하나님의 구원 역사를 주목하고 있었기 때문이었습니다. 다 표현할 수도 또 온전히 이해할 수도 없는 하나님의 긍휼과 놀라운 은혜에 대한 감격과 감사가 천사와 같은 얼굴로 나타난 것이지요. 그리고 그 천사의 얼굴은 이 귀한 진리를 전하는 자가 경험하는 영광의 상징입니다. 말하기 부끄럽고 어떻게 해서든지 감추고 싶은 이야기가 아니라, 하나님이 보게 하시고 또 깨닫게 하신 복된 소식을 전하는 사명을 맡은 자가 누리는 영광의 표현입니다.

지금 죽음의 자리에서도 스데반의 얼굴은 천사와 같았습니다. 몰려오는 죽음의 공포와 두려움, 돌에 맞는 고통과 아픔에서 예상할 수 있는 얼굴과는 전혀 다른 얼굴입니다. 스데반은 돈을 받고 매수된 사람의 거짓 증언으로 죽음의 위기에 몰린 상황입니다. 성난 군중에 의해 언제 어떤 일을 당할지 모르는 절박한 상황입니다. 그러나 그의 얼굴은 공포에 질린 얼굴, 자포자기한 절망의 얼굴, 분노로 가득한 얼굴이 아닌 천사의 얼굴이었습니다.

그렇게 천국의 소망으로 충만했기에 스데반의 마지막 말과 기도는 원망과 비난이 아니라 용서였습니다. 자신을 죽음으로 내몬 이들의 죄를 용서해달라는 중보기도였지요. 그리스도 없이 살아가는 소망 없는 이들에 대해 품은 긍휼한 마음과 그들을 구원으로 인도하고자 하는 열망에서 비롯된 것이었습니다. 바로 천국에 대한 소망이었습니다. 수많은 위기와 고난의 순간에 신앙을 지키며 보여주었던 그 결연한 결단의 모습이 바로 이 모습, 죽음을 앞둔 스데반의 천사와 같은 얼굴이었습니다.

죽음의 두려움을 넘어 평안히 잠든 스데반

죽음이 언제 어떤 형태로 우리를 찾아올지는 그 누구도 알지 못합니다. 특히 오늘날처럼 수많은 사건과 사고가 빈번한 시대에는 고통스럽고 피하고 싶은 그런 죽음이 우리를 덮칠지 모릅니다. 하지만 미리 예상할 수도, 미리 대비할 수도, 피하거나 막을 수도 없는 것이 인간 존재의 현실입니다.

그렇기에 평소 천국에 대한 소망으로 살아가는 것만큼 중요한 일도 없습니다. 오늘 나에게 주어진 삶에서 하나님의 부르심과 소명을 생각하며 그것에 몰두하며 현재를 살아야 합니다.

천국에 대한 소망으로 충만한 삶은 갑자기 찾아오는 죽음, 혹시 모를 억울하고 부당한 죽음의 고통 속에서도 우리를 끝까지 지킵니다. 스데반이 그렇게 잠들었듯이 말입니다.

해피엔딩을 위한 메모

• • •

나의 버킷 리스트(Bucket List)

평생 한 번쯤은 해보고 싶은 일이나 죽기 전에 해야 할 일의 목록인 '버킷 리스트'를 작성해봅니다. 나 자신이나 주변 사람에게 기쁨을 선물할 수 있는 것이 무엇일지 생각해보면 목록 작성에 도움이 됩니다. 그리고 그 이유를 함께 나눠봅시다.

1.

2.

3.

4.

5.

6.

6

가룟 유다,
욕심에 이끌린 죽음

삶의 자리를 미리 정리하기

· · ·

신약성경에 기록된 충격적인 사건 중 하나를 꼽는다면 단연 예수님의 제자 가룟 유다가 예수님을 팔아버린 일입니다. 대제사장들을 찾아간 가룟 유다는 예수님을 넘겨줄 테니 얼마를 주겠느냐 물었고, 그들은 은 삼십을 건네주었습니다. 그때부터 가룟 유다가 예수님을 이들에게 넘겨줄 기회를 찾았다고 성경은 기록합니다.

돈의 욕심에 사로잡힌 가룟 유다

가룟 유다가 예수님을 대제사장들에게 팔아버리게 된 이유에 대해서 여러 학자의 여러 주장이 있지만, 한 가지 분명한 것은 그가 돈 욕심에 사로잡혀 있었다는 것입니다.

예수님이 베다니 나병환자 시몬의 집에 머무실 때, 한 여인이 향유 한 옥합을 식사하시는 예수님의 머리에 붓습니다. 이를 본 제자들은 왜 귀한 것을 허비하느냐며 분개했지요. 가룟 유다도 이 옥합을 비싼 값에 팔아 가난한 자들에게 주었다면 좋았겠다

〈유다의 키스〉 조토 디 본도네, 1304-1306년

고 말합니다.

　그런데 사실 그가 그렇게 말한 것은 가난한 사람을 생각한 건 아니었습니다. 그는 오래 전부터 돈궤를 맡으며 거기 있는 돈을 훔쳐간 도둑이었습니다. 그것을 이미 알고 계신 예수님이 지금 그 사실을 지적하셨고 자신의 본심이 들통 나는 순간, 가룟 유다는 예수님을 팔아넘길 생각을 품습니다. 가룟 유다의 욕심이 충격적인 사건의 주동자가 되게 만들었습니다.

그런 가룟 유다의 삶은 스스로 목숨을 끊는 것으로 끝납니다. 그는 십자가에 못 박혀 고통 중에 죽어가는 예수님을 목격한 뒤, 예수님을 판 죄책감에 결국 대제사장들에게서 받은 은돈을 도로 갖다주고는 스스로 목숨을 버립니다. 그렇게 그의 삶이 끝납니다.

그의 안타까운 죽음, 삶의 마지막을 보며 여러 생각을 하게 됩니다. 그에게 후회가 있었는지는 모르겠지만, 회개는 없었습니다. 예수님이 십자가에 못 박혀 고통당하시는 것에 괴로움을 느꼈는지는 모르지만, 그에 대한 책임 있는 행동은 없었습니다. 다시 시작할 수 있는 기회가 있었음에도, 그는 그것을 스스로 저버렸습니다. 돈에 눈멀어 아무것도 보지 못하던 가룟 유다는 잠시 눈의 비늘이 벗어진 순간 욕심에 사로잡힌 자기 자신을 목도했습니다. 그리고 그 부끄러움을 감당하지 못해 목숨을 끊었습니다. 그렇게 삶을 마쳤습니다.

³그 때에, 예수를 넘겨준 유다는, 그가 유죄 판결을 받으신 것을 보고 뉘우쳐, 그 은돈 서른 닢을 대제사장들과 장로들에게 돌려주고, ⁴말하였다. "내가 죄 없는 피를 팔아 넘김으로 죄를 지었소." 그러나

그들은 "그것이 우리와 무슨 상관이요? 그대의 문제요" 하고 말하였다. ⁵유다는 그 은돈을 성전에 내던지고 물러가서, 스스로 목을 매달아 죽었다.

_마태복음 27:3-5

그 무엇도 가지고 갈 수 없는

좋은 죽음을 맞이하기 위한 준비에 있어서 중요한 하나는 삶을 미리 미리 정리하는 것입니다. 꼭 죽음을 앞두고 있지 않더라도 주변을 정리하는 것은 필요합니다. 사실 누구나 자기 집이나 공간에 둔 물건이 필요 이상으로 많다고 합니다. 장과 수납장에 넣어둔 물건을 다 꺼내 쌓아놓고 보면 그 어마어마한 양에 깜짝 놀랍니다. 그만큼 우리의 일상은 물건의 소유와 소비로 꽉 차 있습니다.

하지만 우리는 아무것도 가지고 가지 못합니다. 이는 변함없는 진리이며 누구에게나 적용되는 보편적인 사실입니다. 이를 기억하면 우리는 물질을 소유하는 욕심에서 한걸음 뒤로 물러날 수 있고, 더 많이 소비하지 못하는 비교의식에서 스스로를 지켜낼 수 있습니다.

성경을 보면, 예수님은 이미 오래 전부터 가룟 유다를 향해

〈은화 30낭을 돌려주는 유다〉 렘브란트, 1629년

경계의 말씀을 주셨습니다. 예수님이 돈과 재물에 대해서 여러 번 하신 말씀은 돈을 훔치던 가룟 유다를 염두에 두고 하신 말씀이기도 했습니다.

그리고 마지막 유월절 식사 때에는 자신의 그릇에 함께 손을 넣는 그가 자신을 팔 것임을 밝히셨습니다. 그러나 이미 돈의 욕망에 사로잡혀 있었기에 예수님의 말씀을 듣지 못했고, 예수님이 자신을 두고 하신 말씀에 오히려 자기는 아니라며 반문합니다.

"나는 소비한다. 고로 나는 존재한다"라는 말이 있습니다. 바바라 크루거(Barbara Kruger)라는 개념주의 예술가이자 사진작가가 한 말인데, 유명한 철학자인 데카르트의 "나는 생각한다. 고로 존재한다"를 변형하여 오늘날 소비사회의 특징을 설명한 것입니다.

학자들은 오늘날 소비사회의 특징으로 현대인의 소비는 욕구가 아닌, 욕망에 의해 이루어진다고 지적합니다. 필요해서가 아니라, 욕망에 따라 또 욕심에 따라 소비하는 시대라는 것이지요. 그래서 생겨난 문제점이 과소비입니다. 또한 사랑 같은 것도 돈으로 살 수 있는 상품으로 간주합니다. 그 결과 돈을 숭배하는 물신주의가 팽배해졌습니다.

현대인은 더 큰 즐거움을 위해, 더 큰 편안함을 위해, 더 최신의 것을 소유하기 위해 더욱 더 많은 욕심을 부립니다. 그런데 인간의 욕심은 끝이 없고 그래서 그 욕심에 사로잡힐 때는 좌우를 분간하지 못하고 바른 판단도 할 수 없을 뿐만 아니라, 평소에는 상상할 수 없는 그런 일들도 저지릅니다.

이런 삶에 좋은 삶의 마무리, 아름다운 마무리를 기대하기란 매우 어렵습니다.

버리고 나누는 데서 시작되는 좋은 죽음

죽음이 선물하는 새로운 삶이란, 모든 것을 버리는 데서부터 시작됩니다. 그것을 인식하며 맞이하는 죽음이야말로, 자신의 죽음을 통해 다른 사람에게 인생의 진실과 추구해야 할 가치를 알려줍니다. 돈과 소유물의 많음이 결코 인생을 책임지지 않습니다. 그리고 죽음 이후의 삶에 많은 재물이 아무런 영향을 끼치지 못함을 명심해야 합니다.

영성운동가이자 작가인 리처드 포스터(Richard Foster)는 『영적 훈련과 성장』(Celebration of Discipline)에서 영적 훈련의 하나로 물질과 관련해 생기는 근심에서 자유로워지기 위한 내적 자세를 설명합니다. 이를 위해서는 소유물을 선물로 받았다는 자세를 지녀야 하고, 이 소유물은 하나님의 보호에 의하여 유지될 수 있음을 기억해야 한다고 알려줍니다. 우리의 소유물은 우리 노동의 결과로 당연히 얻은 것이 아니라, 하나님의 은혜와 돌보심에 의한 것임을 기억해야 한다는 것이지요.

그럴 때, 물질로 인해 일어난 근심에서 자유로워질 수 있습니다. 하나님만이 우리의 소유를 보호하실 수 있고 우리는 하나님을 온전히 신뢰해야 함을 잊지 말아야 합니다. 우리의 소유와

〈유다의 배반〉 조토 디 본도네, 1304-1306년

재산은 우리를 온전히 보호할 수 없습니다.

그리고 더 나아가 우리의 소유는 다른 사람을 위해 유익하게 사용되어야 함도 명심해야 합니다. 이것이 물질이 놓은 덫에 걸리지 않는 비결입니다. 우리는 내일에 대해 걱정하기 때문에 재물을 나누지 못하고 매달립니다. 하나님을 전능하신 창조주로 믿는다면, 또한 우리를 사랑하시는 아버지로 알고 있다면 소유물을 기꺼이 다른 사람과 나눌 수 있습니다. 하나님이 우리를 보호하심을 알기 때문에 재물을 나누어줄 수 있는 것입니다.

참 자유인으로 죽음을 맞이하려면

고인을 기억하고 가족과 친지들을 위로하는 자리인 장례식장이 종종 부를 과시하는 현장으로 변질되기도 합니다. 더 넓은 공간에서, 더 많은 조문객의 방문과 더 많이 늘어서 있는 근조(謹弔) 화환(花環)이 알게 모르게 의도하든 하지 않든, 죽음마저도 돈으로 평가하게 만듭니다. 그런 사람의 죽음이 더 훌륭한 것처럼 말이지요.

하지만 그 장례식장 안에서 어떤 일이 벌어지고 있는지는 아무도 알지 못합니다. 형제간의 갈등, 유산으로 인한 다툼, 고인에 대한 원망과 비난이 어딘가 감춰져 있을지도 모릅니다. 삶의 마지막은 돈으로 좌우되는 것이 아님을 기억하며 오늘을 살아야 합니다.

우리는 매 순간마다 스스로 물어야 합니다. 욕망의 노예가 되

〈유다〉 표드르 브로니코프, 1874년

지 않으려면, 돈을 따라가다 어느 날 갑자기 문 앞을 찾아온 죽음을 만나지 않으려면 말입니다. 욕심과 욕망에서 자유롭게 참 자유인의 삶을 살아가려면 말입니다. 여기에 멋진 삶의 마지막이 따라옵니다.

해피엔딩을 위한 메모

• • •

나의 데스 클리닝(Death Cleaning)

'데스 클리닝'(Death Cleaning)은 살날이 얼마 남지 않았다는 생각이 들 때, 불필요한 것들을 처분하고 집을 말끔히 청소하는 것을 가리킵니다. '오늘이 내 삶의 마지막 날이라면'이라는 질문 속에 불필요하다고 생각되는 것, 다른 사람에게 더 유용하다가 생각되는 것 그리고 자녀들이 간직해주었으면 하는 것의 물건 목록을 작성해봅니다. 그리고 그 이유를 함께 나눠봅시다.

1.

2.

3.

4.

5.

7

바울,
품위 있는 삶과 죽음

주어진 사명에 끝까지 순종하기

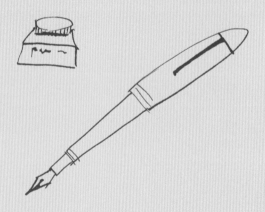

‧ ‧ ‧

기독교 역사에 있어 매우 중요한 역할을 한 사도 바울이 어떤 마음으로 삶을 살았는지는 그가 교회와 성도들에게 보낸 편지에서 찾아볼 수 있습니다.

떠나갈 날을 준비한 바울

바울의 삶의 핵심은 바로 죽음을 인식하는 삶, 자신의 죽음을 준비하는 삶을 살았다는 데 있습니다. 그로 인해 바울이 얼마나 사명에 집중하고 전심전력을 다했는지는 그의 편지들을 보면 충분히 알 수 있습니다. 그것이 바울의 삶을 일관되게 이끌었고 그리고 그의 삶의 끝, 순교의 자리에서도 그 마음이 변하지 않도록 붙들었습니다.

[6]나는 이미 부어드리는 제물로 피를 흘릴 때가 되었고, 세상을 떠날 때가 되었습니다. [7]나는 선한 싸움을 다 싸우고, 달려갈 길을 마치고, 믿음을 지켰습니다. [8]이제는 나를 위하여 의의 면류관이 마련되

〈사도 바울〉 엘 그레코, 1608년

어 있으므로, 의로운 재판장이신 주님께서 그 날에 그것을 나에게 주실 것이며, 나에게만이 아니라 주님께서 나타나시기를 사모하는 모든 사람에게도 주실 것입니다.

_디모데후서 4:6-8

바울은 자신이 복음을 전하는 중에 죽을 것임을 알고 있었습니다. "떠날 때"란 죽는 날을 말합니다. 또 "부어드리는 제물"은 구약시대 동물을 죽이고 태워서 드리던 제사의 제물처럼, 자신이 그렇게 되었다는 뜻으로 이는 순교를 짐작케 합니다.

그런데 중요한 것은 이런 죽음에 대한 인식과 언제 죽을지 모른다는 두려움이 바울을 절망적이고 부정적인 사람으로 만들지 않았다는 것입니다. 어떻게든 목숨을 지키기 위해 현실을 피하려는 상황으로 몰고 가지도 않았습니다.

오히려 더욱 적극적으로 복음을 전하는 선교적 사명에 몰두하게 만들었습니다. 그것은 바울에게 천국에 대한 소망이 분명했고, 오늘이 복음을 전할 수 있는 마지막 날이라는 생각에 한 사람에게라도 더 복음을 전하고자 하는 절실함이 있었기 때문입니다.

7우리 가운데는 자기만을 위하여 사는 사람도 없고, 또 자기만을 위하여 죽는 사람도 없습니다. [8]우리는 살아도 주님을 위하여 살고, 죽어도 주님을 위하여 죽습니다. 그러므로 우리는 살든지 죽든지 주님의 것입니다. [9]그리스도께서 죽으셨다가 살아나신 것은, 죽은 사람에게도 산 사람에게도, 다 주님이 되시려는 것이었습니다.

_로마서 14:7-9

헌신된 삶으로 이끈 바울의 소명

기독교 초기 역사를 살펴볼 수 있는 사도행전을 보면 여러 신앙의 인물들 중에서도 특히 두 명의 중심인물을 만날 수 있습니다. 사도행전의 전반부를 주도한 인물이 예수님의 제자 베드로였다면, 후반부의 중심인물은 사도 바울입니다. 베드로는 예수님에게 직접 부르심을 받은 제자였으니 그럴 수 있는데, 사실 바울은 아무런 배경 없이 사도행전의 중심인물이 되었다 싶을 정도로 갑자기 등장합니다.

그럼에도 바울의 역할은 복음이 세계로 전해지는 데 있어서 베드로보다 더 큰 역할을 감당했습니다. 바울을 빼놓고는 사도행전과 초대교회 역사를 생각할 수 없을 정도로 그의 존재와 역할은 절대적이었습니다. 바울은 복음을 위하여 하나님이 특별히 택하신 인물이었습니다.

〈다메섹 도상에서의 회심〉 카라바조, 1600년

바울의 삶을 좀 더 살펴보면, 그는 남다른 훌륭한 자질과 배경을 지녔습니다. 유대인으로서 당시 최고 학자였던 가말리엘의 문하에서 철저하게 유대교 교육을 받았으며 모든 일에 앞장서는 신앙적 열정도 있었습니다. 바울의 삶에서 그런 자질과 배경이 여러 사역을 감당하는 데 큰 도움이 되었습니다. 그러나 그가 전도를 방해하는 수많은 박해와 환난 중에도 그처럼 놀라운 일들을 감당할 수 있었던 것은 더 큰 도움의 손길이 그를 이끌었기 때문입니다.

처음부터 그런 건 아니었습니다. 그의 인생에 큰 전환점을 맞은 사건 이후 변화된 삶을 살게 되는데, 그것은 바로 자신이 철저히 부인하던 예수님을 만나는 사건이었습니다. 그리고 예수님의 십자가 죽음과 부활에 대한 믿음과, 죽음 이후 허락된 천국에서의 삶에 대한 확신 때문이었습니다.

다메섹(다마스쿠스)으로 가는 길에서 예수 그리스도를 만난 경험은 바울의 삶을 양분하는 전환점이 됩니다. 바울이 사도행전에서 여러 번 다메섹에서의 경험을 간증하는 것을 보아도 그가 그때의 경험을 얼마나 소중히 여겼는지 짐작할 수 있습니다.

이전까지 잘못 알고 있었던 예수 그리스도를 분명히 알게 된 그 순간, 그는 눈의 비늘이 벗겨진 것처럼 새로운 시각을 갖게 되었습니다. 그리고 그리스도인을 박해하던 사람에서 예수 그리스도를 위해 목숨을 내어주는 사람이 됩니다.

> [1]사울은 여전히 주님의 제자들을 위협하면서, 살기를 띠고 있었다. 그는 대제사장에게 가서, [2]다마스쿠스에 있는 여러 회당으로 보내는 편지를 써 달라고 하였다. 그는 그 '도'를 믿는 사람은 남자나 여자나 가리지 않고, 닥치는 대로 묶어서, 예루살렘으로 끌고 오려는 것이었다. [3]사울이 길을 가다가, 다마스쿠스 가까이에 이르렀을 때에, 갑자기 하늘에서 환한 빛이 그를 둘러 비추었다. [4]그는 땅에 엎어졌다. 그리고 그는 "사울아, 사울아, 네가 왜 나를 핍박하느냐?" 하는 음성을 들었다. [5]그래서 그가 "주님, 누구십니까?" 하고 물으니, "나는 네가 핍박하는 예수다. [6]일어나서, 성 안으로 들어가거라. 네가 해야 할 일을 일러 줄 사람이 있을 것이다" 하는 음성이 들려왔다.

_사도행전 9:1-6

아름다운 죽음으로 이끈 바울의 소명

바울에게는 생명보다 더 소중히 여긴, 하나님이 주신 사명이 있었습니다. 그것이 바울을 죽음 앞에서도 담대하게 만들었고 그리고 아름다운 삶의 마무리로 이끌었습니다. 3차 전도여행을

〈감옥의 바울〉 렘브란트, 1627년

마치고 예루살렘으로 가는 도중 밀레도에서 만난 에베소교회 장로들에게 바울은 이런 말을 남깁니다. 그가 자신에게 주어진 사명을 얼마나 귀하게 생각했는지를 분명히 알게 하는 그의 유언과 같은 마지막 말입니다.

> ²²보십시오. 이제 나는 성령에 매여서, 예루살렘으로 가는 길입니다. 거기서 무슨 일이 내게 닥칠지, 나는 모릅니다. ²³다만 내가 아는 것은, 성령이 내게 일러주시는 것뿐인데, 어느 도시에서든지, 투옥과 환난이 나를 기다리고 있다는 것입니다. ²⁴그러나 내가 나의 달려갈 길을 다 달리고, 주 예수께 받은 사명, 곧 하나님의 은혜의 복음을 증언하는 일을 다하기만 하면, 나는 내 목숨이 조금도 아깝지 않습니다. _사도행전 20:22-24

마지막으로 바울을 이끌며 지탱시킨 힘은 그의 주변에서 함께 사역하였던 동역자들이었습니다. 실라, 디모데를 비롯한 많은 제자는 언제나 그의 주변에서 기쁨과 슬픔, 승리와 좌절을 함께 나누며 서로에게 큰 힘이 되었던 동반자들이었습니다. 그는 혼자서 일한 것이 아니라, 주변 여러 사람과 연합하는 공동체의 힘으로, 받은 사명과 맡겨진 사역의 길을 성공적으로 마칠 수 있었습니다.

살든지 죽든지 그리스도가 증거되길

일상의 삶에서 신학을 고민해온 신학자 폴 스티븐스(Paul Ste-
vens)는 『나이듦의 신학』(Aging Matters)이라는 저서를 78세에
집필했는데, 기독교 신앙 안에서 노년을 어둡고 짐으로만이 아
니라, 새로운 성장의 기회와 은총의 날로 채우기를 바라며 썼습
니다.

스티븐스는 이 책에서 지난 삶을 재정립하는 노년기의 '소
명', 주님께 집중하며 영적 훈련과 성장의 여정으로서의 노년의
'영성' 그리고 죽음과 이후 세상에서의 삶을 어떻게 준비할지의
'유산'에 대해 다루고 있습니다. 특히 이 세상을 살지만 다음 세
상을 동시에 살고 있다는 의식을 갖고, 점진적인 포기와 날마다
죽는 삶을 받아들일 것을 강조합니다. 그것이야말로 신앙 안에
서 삶의 유산을 남기는 방법임을 이야기합니다.

바울 삶의 핵심 가치는 죽든지 살든지 예수 그리스도, 예수
그리스도를 위한 삶이었습니다. 그는 자신을 위한 것이나 심지
어 죽음까지도 개의치 않고, 소명에 이끌리는 삶을 살아갑니다.
날마다 죽음을 인식하며 살아가는 가운데 가치 있는 삶을 일관
되게 이어갈 수 있었습니다.

〈바울의 순교〉 조반니 몰리네리, 1620년경

바울의 죽음에 대한 인식은 항상 자신의 마지막을 생각하는 중에 간절한 마음으로 편지를 교회에 쓰게 했고, 가능한 대로 교회를 방문해 교회와 성도를 도왔습니다. 얼마 남지 않은 시간을 허비하거나 그냥 지나칠 수 없었습니다. 죽음에 대한 인식은 기회되는 대로 어떻게 해서든지 돕고자 하는 열정과 열심을 불러일으켰습니다.

그리고 자신의 삶이 얼마 남지 않았다는 자각은 바울로 하여금 자기 자신을 자랑하지 않고 하나님을 높이며 하나님을 증거하는 일에 더욱 집중하게 했습니다. 곧 죽을 수 있다는 것은 매

〈바울의 순교〉 마티아 프레티, 1654-1661년

순간 주어진 사역에 충성하고 집중하도록 이끌었습니다.

　이렇게 죽음을 인식하고 죽음을 준비하는 삶에서 자연스럽게 따라오는 결과가 바로, 누구나 바라는 삶의 아름다운 마무리입니다.

지나온 나의 '일과 소명'

지금까지 거쳐온 나의 일들은 나에게 다양한 경험을 선물하고 소중
한 사람과의 만남을 이어주었습니다. 삶의 의미와 보람도 느끼게 해
주었습니다. 첫 아르바이트와 첫 직장 이야기를 포함하여 그동안 내
가 거쳐온 일터 그리고 나의 마지막 일과 내가 꿈꾸던 일에 대해 적어
봅시다. 지금의 내가 되기까지 거쳐온 나의 일들을 소개하고 함께 이
야기를 나눠봅시다.

1.

2.

3.

4.

5.

지금, 죽음을 공부할 시간

 한국은 이미 '고령화사회'(aging society)를 넘어 '고령사회'(aged society)가 되었습니다. 고령사회는 65세 이상 노인인구가 전체 인구의 14% 이상이 되는 사회를 말하는데, 국가통계포털 주요인구 지표를 보면 한국은 2018년 65세 이상 노인인구가 전체 인구의 14.3% 약 7백38만 명인 고령사회입니다. 그리고 2025년에는 노인인구가 총인구의 20% 약 1천50만 명이 될 것으로 추산되어 초고령사회(super-aged society)에 진입할 것으로 예상됩니다.

이와 같은 고령사회와 맞물려 학자들과 많은 기관들은 노년기 삶의 질에 대해서 관심이 지대합니다. 과거와 달라진 생애주기와 길어진 노년기의 시간을 어떻게 보낼 것이냐 하는 것은 개

개인의 문제만이 아니라, 가족과 국가의 과제이기도 하기 때문입니다.

이런 맥락에서 노년학을 중심으로 '건강한 노년' '활동적인 노년' '생산적인 노년' '성공적인 노화'에 대한 논의가 이루어지고 있습니다. 논의의 공통점은 노년이 단지 생물학적으로 노쇠해 가는 과정일 뿐 아니라, 개인적으로나 사회적으로 여전히 성장해야 하는 시기라는 것이고, 그에 따라 삶의 질이 달라질 수 있다는 것입니다.

그런데 고령사회가 되면서 나타나는 현상 중 하나는 점점 죽음과 죽음 이후의 삶에 대한 인식이 약화되고 있다는 점입니다. 의료기술과 진단의학의 발달은 마치 인간이 영원히 죽지 않을 것 같은 환상을 심어주었습니다. 성장을 우선시하는 문화와 소비를 미덕으로 삼는 풍조는 죽음이라는 소멸과 종말의 이미지를 철저히 숨겼습니다.

그러나 이는 진실이 아닙니다. 누구라도 언제 다가올지 모를 죽음을 마주할 것이기에, 그때를 의식하며 살아가는 것은 오늘을 충실히 살게 하고 또 소중한 삶에 대해 신중하게 생각하도록 만듭니다.

죽음은 모든 관계의 단절을 가져옵니다. 사람과 사람 사이의 관계, 사람과 자연 그리고 사회, 문화와의 관계까지 단절시키기에 누구에게나 두렵습니다. 동시에 죽음 이후의 불확실성으로 인한 걱정이 노년기에 이르면 더욱 커집니다. 죽은 뒤 무슨 일이 벌어질지 알 길이 없어 모든 사람에게 죽음은 두려운데, 특히 노년의 시기에 이 문제는 더욱 실제적으로 다가옵니다.

그러므로 이 세상을 살지만 다음 세상을 동시에 살고 있다는 의식을 가지고 신앙 안에서 점진적인 포기와 날마다 죽는 가운데 노년의 삶을 받아들여야 합니다. 그리고 새로운 성장의 기회로 삼아야 합니다. 그래야 삶의 아름다운 마무리에 이를 수 있습니다.

삶에는 '지속해야 할 것'과 '그만두어야 할 것'이 공존합니다. 삶의 환경과 태도가 변화함에 따라 이제는 '그만두어야 할 것', '버려야 할 것'이 있습니다. 이런 것을 계속 고집하거나 붙잡고 있는 것은 어리석은 일입니다. 예를 들어, 장례방법에 있어서 매장을 고집할 이유는 없습니다. 지역적이고 문화적인 변화에 맞추어 의미를 생각하여 장례방법을 선택하는 것이 현명합니다. 의미 있는 장례와 고인에 대한 추억이라는 관점을 더 깊이 고려해야 합니다.

동시에 '지속해야 할 것'이 있습니다. 지켜야 할 가치와 존중

해야 할 유산이 있습니다. 특히 인격적인 관계를 소중히 여기고 그 관계를 지켜가는 노력은 아무리 비용이 많이 들고 피곤한 일이라 할지라도 지속해야 할 중요한 요소입니다. 죽음 준비의 다양한 측면에 있어서, 실제적인 물품 준비 못지않게 삶의 매듭을 위한 의미 있는 노력이 동반되어야 합니다. 지금까지의 생애 정리와 용서, 풀어야 할 관계의 회복, 사랑하는 이들에 대한 고마운 마음을 간직하는 것들은 지속해야 할 가치이자 태도이겠습니다.

죽음 준비는 죽음이 좀 더 가까이 있다고 생각하는 노년기만이 아닌, 모든 세대가 함께 준비하며 배워야 할 인생수업입니다. 꼭 배워야 할 수업이며 생각해야 할 주제이지만 그렇지 못한 경우가 태반입니다. 너무도 바빠서요. 그리고 '죽음'은 왠지 거부감이 들거든요.

하지만 좋은 죽음을 위한 준비는 오늘의 행복한 삶을 우리에게 선물하며, 오늘의 의미 있는 삶은 준비된 미래의 좋은 죽음으로 이끕니다. 고령시대에 노년과 여러 세대가 함께 지속적으로 죽음에 대해 생각하며 이야기하는 것이 필요한 이유입니다.

그리스도인의 삶은 오늘을 살지만 내일을 소망하며 준비하는 삶입니다. 천국에 대한 소망으로 충만할 때, 오늘의 삶이 하나님의 나라와 의를 구하는 삶이 될 수 있습니다. 수많은 신앙인들이 믿음 안에서 자신의 죽음을 준비하며 오늘을 살았던 것처럼 말입니다. '삶의 날이 얼마 남지 않았다면' 아니, '살아온 날보다 살아갈 날이 적다면' 여러분은 그 남은 시간 누구와 무엇을 하며 어떻게 삶의 마지막을 보내시겠습니까?

¹⁶그러므로 우리는 낙심하지 않습니다. 우리의 겉사람은 낡아가나, 우리의 속사람은 날로 새로워집니다. ¹⁷지금 우리가 겪는 일시적인 가벼운 고난은, 비교할 수 없을 정도로 영원하고 크나큰 영광을 우리에게 이루어 줍니다. ¹⁸우리는 보이는 것을 바라보는 것이 아니라, 보이지 않는 것을 바라봅니다. 보이는 것은 잠깐이지만, 보이지 않는 것은 영원하기 때문입니다.

_고린도후서 4:16-18